ALABLE POUR TOUT OU PARTIE DU
OCUMENT REPRODUIT

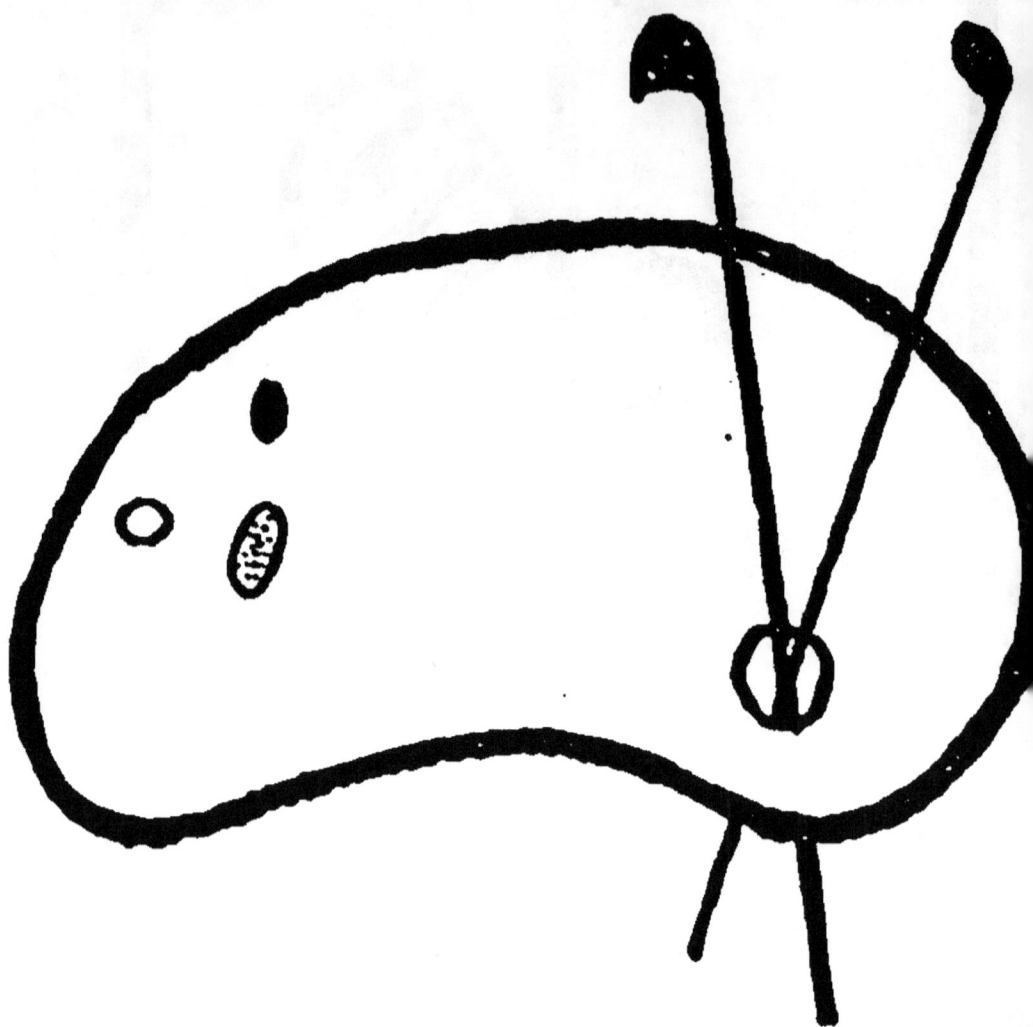

COUVERTURE SUPERIEURE ET INFERIEURE
EN COULEUR

V

2728
A.5.a...

25837

SUPPLÉMENT

AUX TABLETTES ROYALES

DE RENOMMÉE,

ET D'INDICATION

DES NÉGOCIANS, ARTISTES CÉLEBRES

ET FABRICANS

DES SIX CORPS, ARTS ET MÉTIERS

DE LA VILLE DE PARIS ET AUTRES VILLES DU ROYAUME, &c.

PREMIER TRIMESTRE,

*Pour servir d'*ADDITION *& d'*ERRATA *aux Omissions*
& Changemens survenus pendant & depuis l'impression
de cet Ouvrage.

AFF

AFFINEURS.

SORIN DE BONNE, rue de Bétizi,
Directeur du Bureau d'Affinage.
Sauvegrain, rue de Bétizi, Caissier.

AGRICULTEURS.

Le sieur *Despomiers*, à Fontainebleau,
Gouverneur de Cheroy, & Pensionné
du Roi, a été chargé par le Ministere,

AGR

pendant plusieurs années du défri-
chement des terres, de reconnoître
la nature de chaque terrein, & d'y
faire appliquer les engrais & les
semences qui leur étoient les plus
favorables. Ses connoissances & l'expérience qu'il a acquise dans ses opérations, lui ont mérité les éloges
les plus flatteurs de la part des Ministres qui l'avoient honoré de leur
confiance. *Voyez* les Tablettes Royal-
les de Rénommée, &c.

AIGUILLETIERS.

Delaftre, rue de la Huchette, à l'Y grec, tient un des plus anciens Magalins & des mieux afforis en Aiguilles d'acier d'Angleterre, de première qualité en tous genres, & pour toutes fortes de métiers. Epingles renforcées, & Aiguilles à broder au tambour Il eft auffi très-renommé pour la foie d'Angleterre, & fil en quatre, pour travailler le filet & raifeau de point de Touloufe, &c. dont il fait des envois confidérables en Province & chez l'Étranger.

Loupia, rue Saint-Honoré, à l'Y grec, tient un des plus fameux Magalins & des plus renommés pour les Aiguilles & Épingles de première qualité, *idem*.

Voyez EPINGLIERS

APOTHICAIRES.

Buiffon, ci-devant à l'Hôtel-Dieu, lif. au Marché-Neuf. Cet Artifte d'un mérite diftingué, qui a gagné Maitrife à l'Hôtel-Dieu, tient l'Epicerie & la Droguerie, & poffede de très-grandes connoiffances dans cette derniere partie.

Cadet, rue Saint-Honoré, près la Croix du Trahoir, ancien Apothicaire-Major des Camps & Armées du Roi, de l'Académie Royale des Sciences, de l'Académie Impériale des Curieux de la Nature, & Affocié des Sciences, Arts & Belles-Lettres de Lyon, eft connu dans la Chymie par différens travaux Académiques.

Cadet, le jeune, rue Saint-Antoine, vis-à-vis celle de Fourcy, de l'Académie Impériale des Curieux de la Nature, eft connu par la Traduction de la Chymie de Spielman.

Coufier, lifez *Veuve Coufier*.

Charnard, rue Baffe du Temple, Apo-

thicaire de Monfeigneur le Duc d'Orleans, eft particuliérement renommé pour les Eaux fortes & autres opérations de Chymie.

Chellet, rue du Four, ancien Apothicaire de l'Hôpital Général de Paris, a remporté en 1771, le prix propofé par l'Académie de Rouen, fur les moyens de déterminer les différentes Chymies & Phyfiques qui diftinguent entr'elles, celles des Argilles qu'on connoît vulgairement fous le nom de Bois de glaife & de terre à Foulon.

Dallier, (Veuve) rue Saint-Louis, au Marais, d'un mérite diftingué, eft particuliérement connue pour les opérations de l'harmacie & de grande Botanique.

Demachy, rue du Bacq, célèbre Démonftrateur, a fait les Elemens de Chymie, traduits de Jonquer ; les Differtations Chymiques de Potte, les Opufcules Chymiques de Margraffe ; les Inftitutions de Chymie ; les Procédés Chymiques ; un Examen comparé des Eaux minérales de Paffy & de Verbery, & nombre d'autres Ouvrages très-eftimés

Hérifant, grande rue du Fauxbourg Saint-Antoine, lifez Parvis Notre-Dame.

Juliot, rue Sainte-Marguerite, eft connu par le Dictionnaire Interprète d'Hiftoire Naturelle & de Matiere Médicale.

Le Brun, rue de Grenelle-Saint-Germain, vis-à-vis la Fontaine.

Mitouard, rue de Beaune, Fauxbourg Saint-Germain, tient Cours de Chymie.

Rouelle, rue Jacob, Apothicaire de S. A. S. Monfeigneur le Duc d'Orleans, de l'Académie Royale d'Herfort, de la Société des Arts de Londres, & Démonftrateur au Jardin Royal des Plantes. Cet habile Artifte connu par plufieurs Mémoires fur la préfence de l'alkali fixe dans la crême de tartre, le réfidu de la liqueur fumante de Libavius, & par nombre d'articles inférés dans le Journal de Médecine, sur les différences du regne végétal & du regne minéral, continue ses Cours à l'inftar & avec le même succès que feu son frere, auquel on est redevable de si utiles découvertes dans la Chymie.

Salome, rue Saint-Antoine, *lisez Solomé*, rue Saint-Paul.

Simonet, rue Croix des Petits-Champs, Apothicaire de MONSIEUR.

Toutlait, rue & porte Saint-Denis, est particuliérement renommé pour les huiles & les miels dont il fait des envois considérables en Province & chez l'Étranger.

Correspondans.

Descroisilles, à Dieppe, ancien Conful & Apothicaire Affocié, & Correfpondant de l'Académie Royale de Rouen, eft Auteur d'un nouveau Sel fondant & calmant qui lui a mérité l'approbation de l'Académie & de la Commiffion Royale de Médecine.

ARCHITECTES.

Blondel, mort.

Chalgrain, rue Neuve-des-Petits-Champs, Architecte du Roi, & Intendant des Bâtimens de Monfeigneur le Comte de Provence, a fait exécuter fur ses deffeins, le fuperbe Hôtel de M. le Duc de la Vrilliere, Place de Louis XV, & l'Église de la Magdeleine.

Chevotet, mort.

Deluzi, mort.

De l'Eftrade, mort.

Derechemorte, rue Sainte-Anne, premier Ingénieur des turcies & levées.

Dumon, rue des Arcis, Professeur d'Architecture, connu par différens projets de falle de fpectacle.

De Saint Martin, mort.

Guillot Aubry, mort.

Jardin, rue du Doyenné, près Saint Louis Du Louvre, Chevalier de l'Ordre du Roi, ci-devant Architecte du Roi de Danemark, a fait des ouvrages confidérables à Copenhague.

Le Camus Choifeul, rue de Richelieu, a fait le Château de Chanteloup, & le Colife.

Le Carpentier, mort.

Le Doux, rue Baffe Saint-Denis, a fait l'Hôtel d'Ufez, rue Montmartre, l'Hôtel de Montmorency, chauffée d'Antin, au coin du Boulevard, la maifon du Préfident Hocart, rue de la Barriere blanche, fon château, à Montermel, &c.

Le Roy, rue du Harlay, *lisez* rue Saint-Martin, près Saint Julien des Ménétriers.

Louchet, Cloître Saint-Louis du Louvre, ancien Profeffeur à l'École des Arts, pour la coupe de la pierre & l'art du trait, donne des leçons fur cette science si néceffaire aux personnes qui fe deftinent à la conftruction, & continue de faire des collections & des modeles pour les Amateurs.

Correfpondans.

Dupuis, à Verfailles, Profeffeur d'Architecture, & Maître de deffin des Pages de MONSIEUR, eft connu par un Traité d'Architecture & de Deffin, à l'ufage des Militaires, qui conduit, fans difficultés, à compofer le payfage, à tracer les ombres, & obferver les clairs obfcurs & les teintes. Il prend des penfionnaires, à raifon de 1200 livres par an, & fe charge de leur fournir tous les inftrumens de mathématique, & les livres néceffaires pour leur éducation.

Penferon, cul-de-fac Sainte-Marine, ancien Profeffeur de Deffin & d'Architecture de l'Ecole Royale Militaire, donne des leçons d'Architecture les Fêtes & Dimanches, depuis dix heures du matin jusqu'à cinq du soir, & des leçons sur l'art du trait & la coupe des pierres, aux ouvriers qui desirent apprendre cette science indispensable pour construire solidement. Il possède aussi le secret d'un bleu utile aux Dessinateurs, pour exprimer supérieurement les combles couverts en ardoises.

Pitet, ancien Inspecteur de bâtiment, ci-devant premier Dessinateur de ceux de l'Ecole Royale Militaire, tient bureau de dessin pour l'Architecture, & il enseigne toutes les parties relatives à la théorie & à la pratique de cette science, les Dimanches & Fêtes, depuis huit heures du matin jusqu'à sept heures du soir, pour tous les ouvriers employés aux bâtimens.

ARCHITECTES-TOISEURS.

Roze, rue Saint-Honoré, Hôtel d'Aligre, Eleve du sieur *Jourdain*, travaille & se conduit sur les mêmes principes. *Voyez les Tablettes Royales de Renommée*, &c.

ARMES.(*Maîtres en fait d'*)

Laboissiere, ci-devant rue de la Draperie, *lisez* rue Saint-Honoré, vis-à-vis l'Oratoire.

Riviere, ci-devant rue de Vaugirard, *lisez*, Faubourg Saint-Honoré.

Thonard, ancien Syndic & Doyen, ci-devant rue des Noyers, *lisez* rue de Viarmes.

ARQUEBUSIERS.

Bouillet, Arquebusier de son Altesse Sér. Mgr. le Prince de Conty, cour du Temple, a présenté un fusil à canon simple qui a la propriété de pouvoir tirer vingt-quatre coups de suite en moins de deux minutes, se chargeant, s'amorçant & s'armant par le seul mouvement circulaire du canon sur un axe disposé à cet effet. Ce fu-

fil est très-ingénieusement imaginé, parfaitement exécuté, & n'est sujet à aucun danger, n'étant pas possible qu'il y ait jamais de communication entre la poudre enflammée du fusil & celle du magatin. Approuvé de l'Académie.

Charriere, Place du Louvre, est Auteur d'un nouveau fusil, qui porte sa bayonnette avec le canon, sans causer aucun embarras. La maniere de charger le fusil est si prompte, qu'on peut tirer huit à dix coups par minute. Mais ce qui en rend le méchanisme plus précieux, c'est qu'il peut s'adapter à toutes sortes de fusils, sans rien déranger de la batterie.

Delaunay, rue de la Harpe, à la Tête d'or, a présenté un fusil qui s'amorce promptement, au moyen d'un réservoir de poudre, placé dans la batterie, qui peut s'adapter à toutes sortes de fusils, & au moyen de quoi on peut amorcer pendant la pluie, & éviter le danger auquel on s'expose en amorçant à la maniere ordinaire, si le bassinet contient encore quelques étincelles. Ces avantages, joints à la méchanique qui est aussi simple qu'ingénieuse, lui ont mérité l'approbation de l'Académie.

Kounaly, rue Dauphine, successeur du *Sieur Charlier*, Arquebusier de Mgr. le Prince de Condé & du Duc de Bourbon, est particuliérement renommé pour les fusils à double détente, & pistolets à l'Angloise & à l'Ecossoise.

Objets relatifs.

Nouveaux canons de fusils à filets, du *Sieur Barois*, Barriere de Montreuil. Ces canons, qui ne le cedent ni en légéreté ni en propreté aux canons les mieux finis, ont par dessus le précieux avantage de supporter une triple charge, sans étonnement, ainsi qu'il a été constaté par les épreuves qui en ont été faites par ordre de

S. A. S. Mgr. le Prince de Condé, sous les yeux du Prince de Nassau.

Fusils à vent, dont le nouveau méchanisme pompe l'air avec bien plus de facilité, & en contient une telle quantité, qu'on peut tirer plus de 25 coups à balle, à 80 pas, sans être obligé de recharger. S'adresser au Bureau de l'Auteur, rue Saint-Honoré, Hôtel d'Aligre.

Nota. *Les Chevaliers de la Compagnie Royale de l'Arquebuse*, commencent le 1ᵉʳ Mai, à s'exercer en leur Hôtel, Fauxbourg Saint-Antoine. Le 10 Août ils y tirent l'oiseau en présence de MM. le Prévôt des Marchands & des Echevins de la Ville, & autres personnes de distinction, invitées par billets, & continuent cet exercice tous les Dimanches & Fêtes, jusqu'au 10 Octobre.

ARTIFICIERS.

Gauthier, rue Saint-Antoine, au coin de celle de Fourcy, compose & vend des espèces de *bougies magiques*, qui font prendre à la flamme d'un brasier ardent des couleurs transparentes, *jaunes, vertes & cramoisis*, ce qui cause une agréable surprise & donne lieu à diverses interprétations.

BAI BAT

BAIGNEURS-ÉTUVISTES.

Objets relatifs.

Nouvelles Baignoires en forme de sabot, présentées à l'Académie des Sciences par feu le *sieur Level*, Maître Chauderonnier. Ces Baignoires soutiennent le malade de toute part, comme s'il étoit dans un fauteuil. Elles sont plus courtes, tiennent moins de place, & consomment moins d'eau. La facilité de chauffer l'eau, & de lui conserver sa chaleur sans embarras, & avec moins de dépens, donne lieu de juger combien ces nouvelles Baignoires sont préférables pour tous ceux qui ne seront pas assez affoiblis pour ne pouvoir pas se tenir assis.

BALANCIERS.
Objets relatifs.

Nouvelles Romaines à Cadran du sieur *Ilanin*, Serrurier Méchanicien, à S. Romain. Cet Artiste connu par différentes pieces de méchanique, est particuliérement renommé pour la construction des romaines à cadran. Une de ces romaines, que l'on voit à l'Hôtel des Fermes, avec laquelle on peut peser jusqu'à 3000 livres à la fois, est regardée comme un chef-d'œuvre, & lui a mérité l'approbation de l'Académie. Il a eu l'honneur de présenter au Roi, une espèce de Pendule dans le même genre, dont le plateau placé au niveau du parquet d'un appartement, n'est nullement apparent, mais susceptible de pression, à l'effet d'indiquer le poids sur le cadran. On en trouve de toute grandeur, au Bureau d'Indication, rue S. Honoré, Hôtel d'Aligre.

BATTEUR D'OR

Bourdon, rue Saint-Denis, à côté du passage du grand cerf.

BLIMBLOTIERS.

Les Marchands Blimblotiers sont ceux qui vendent toutes sortes de jouets d'enfans.

Juhel, rue Saint-Denis, vis-à-vis celle aux Pers, tient un des plus fameux magafins de jouets d'enfans, poupées à reflort, & autres joux joux d'Angleterre. Fait des envois confidérables en Province & chez l'Étranger.

BOIS. (Marchands de)

Baron, Porte Saint-Antoine, à la Providence.

Caqué, retiré.

Chaillou, retiré.

Champromani, Porte Saint-Bernard, à la Maifon Rouge.

Chauveau, abfent.

Crevance, Port de la Grenouillere, au Chêne vert.

Cochois (veuve), retirée.

Dapigny, lifez *Dapoigny*.

D'Arlet, Porte Saint-Antoine.

Decour, Porte Saint-Antoine, *lifez* à la Grenouillere.

Decohocde, retiré.

Demontmiers, retiré.

Derochetonne, retiré.

Des Écoutes, Porte Saint-Antoine, à la Porte Royale.

Doux, lifez *Ledoux*.

Dubois, Porte Saint-Bernard, aux Armes d'Orleans.

Dufour (veuve), Porte Saint-Bernard, à la Grande Forêt.

Étignard, retiré.

Fernelle, Porte Saint-Bernard, à la Providence.

Gobault, Porte Saint-Bernard, au Cheval noir.

Hérivaux, Porte-Antoine, à la Boule blanche.

Heroy, Porte S. Bernard, au Soleil d'or.

Hollier, Port de la Grenouillere, à l'Aigle d'or.

Jalleni, Porte Saint-Bernard.

Lafolotte, Port de la Grenouillere, *lifez* Fauxbourg Saint-Honoré.

Lalandre, lifez *Lalande*.

Lafere, mort.

Loifeau, abfent.

Mont-baron, Porte Saint-Antoine, au Noyer.

Peliffier, abfent.

Petit, Porte Saint-Antoine, *lifez* rue de Charenton, à l'Aigle d'or.

Raffeneau (veuve), abfente.

Rainville, Porte Saint-Antoine, au Bel R.

Ravify, Porte Saint-Antoine, à Saint André.

Rouffeau, Port de la Grenouillere, à l'Étoile, chantier très-confidérable.

Tartera, Porte Saint-Antoine, à Saint Nicolas.

Touraffe, Porte Saint-Bernard, aux Armes d'Orleans.

BONNETIERS.

Alibert, mort.

Alibert, (veuve) *idem*.

Aliot, (veuve) rue de la Lingerie, retirée du Commerce, *lifez* De la Foffe.

Barbier, rue de Charonne, retiré du commerce.

Barbier, rue de la Comédie Françoife.

Baudeduit, rue faint-Denis, *lifez* rue faint-Honoré, au coin de celle de Richelieu.

Bompart, retiré du commerce.

Breton, rue Bordet, tient un des plus fameux magafins de caflor, de vigogne, &c.

Crepinet, rue des Foffés Saint-Marcel, fournit les Colleges des Ecoffois & des Irlandois, & entend & parle l'Anglois.

Delaroyepierre, rue faint-Honoré, retiré du commerce, *lifez* Maillot.

Dupré, rue du Sépulcre, tient fabrique confidérable, & fait des envois en Province.

Dupuis, mort.

Foulon, mort.

Garnier, rue faint-Honoré, *lifez* rue de la Comédie Françoife.

Guerier, rue du Sépulcre, *lifez* rue faint-Benoît.

Guessier, rue Saint-Benoît, Bonnetier, tient fabrique & magasin de Bonneterie, fait des envois en Province & chez l'Etranger.

Guilin, rue du Puits, lisez rue de la Tonnellerie.

Hautefeuille, rue de Sartine, Marchand Bonnetier.

Hude, lisez Delbech.

La Rouviere, Place du vieux Louvre, lisez de la Rouviere, Bonnetier ordinaire du Roi, fournit la Cour.

Lefevre, retiré du commerce

Liere, (Madame) rue des Bourguignons, tient une des plus fameuses fabriques en laine.

Maillot, rue Bourg-l'Abbé, lisez rue saint-Benoît.

Mascheree, fauxbourg saint-Antoine, tient fabrique considérable en laine.

Montassier, rue Saint-Honoré, idem.

Nau, rue saint-Honoré, ancienne maison, magasin considérable.

Nau de la Grange, rue saint-Honoré, idem.

Oger, rue de la Lingerie, tient un des plus fameux magasins.

Perault, mort.

Picart de Maison-Neuve, retiré du commerce.

Pluyette, idem

Rousseau, rue saint-Martin, tient fabrique & magasin considérable, est particuliérement renommé pour les bas de trême de Perse, de premiere qualité.

Senard, rue de la Vieille Monnoie, tient magasin en gros de lainage, &c.

Tonnelet, rue saint-Honoré, près l'Oratoire, tient magasin considérable, & même retiré du commerce.

Objets relatifs.

Aiguilles à métier de Bonnetier, chez le sieur Patriot, Serrurier, Grande rue du Fauxbourg Saint-Antoine. Cet Artiste est particuliérement reconnu pour faire & raccommoder les métiers de Bonnetiers.

Bas de Peaux préparés pour les maux de jambes, par le sieur Guenin, rue Saint-Denis, près celle du Chevalier du Guet.

Nouvelle machine de l'invention du sieur Rivey de Lyon, à l'effet d'exécuter des tricots soie, & laine à fleurs nuées. On trouvera de ces étoffes chez MM. Bertrand, Delpech & Compagnie, rue saint-Honoré, au Duc de Valois.

BOULANGERS.

N*** à la porte de la cour du May du Palais, renommé pour les petits pains au beurre.

Objets relatifs.

Nouvelles bouches à four, de fonte, avec ou sans platine, qui, n'étant point sujettes à se calciner ni à se dégrader, donnent & conservent plus de chaleur, avec une moins grande consommation de bois. Prix, 3 sols 6 deniers la livre. S'adresser à Mademoiselle Courtois, Marchande de Fer, Porte Douche, à Dijon.

Fours portatifs, pour le service des armées, par M. Facquet, Trésorier de France, à Châlons, & Membre de la Société d'Agriculture de Bretagne. Ces Fours, qui forment des especes de caissons, peuvent se démonter promptement, ou se transporter tous montés, sur des essieux de fer. La construction en a paru ingénieuse, & mériter qu'on en fit des expériences en grand.

Machines à pétrir le pain, de l'invention de M. Solignac, ci-devant Négociant à Louisbourg. Cette machine consiste dans deux especes de herse, armées de couteaux, dont l'une se meut circulairement, dans une cuve, tandis que l'autre reste immobile. La pâte faite avec cette machine, dont l'expérience a été faite en 14 minutes, en présence des Commissaires nommés à cet effet, a produit de fort beau pain & très-délicat.

BOURRELIERS.

Aufroi, mort.

Cabourdin, rue des Orties Butte Saint-Roch, Bourrelier, fait & vend toutes sortes de Harnois du plus nouveau goût, & sur tel dessein que l'on puisse desirer.

Chrétien, rue de Grenelle, *lisez* rue Traversière, est un des plus renommés pour le dessein.

Leduc, rue Sainte-Anne, Butte Saint-Roch, Bourrelier du Prince de Liège, est renommé pour les Harnois en découpures de Burgos.

Douen, rue de Grenelle, Fauxbourg Saint-Germain, est très-renommé pour la partie des Harnois.

BOURSIERS.

Castel, rue de l'Echelle, renommé pour les culottes de peau.

Constant, aux Quinze-Vingt, fournit les Gants du Prince de Condé & du Duc de Bourbon, dégraisse & raffine les peaux comme en Angleterre, & les teint en toute couleur à la mode.

Le Chasseux, rue saint-Denis, renommé pour les bonnets & calotes ecclésiastiques, imitant le chagrin.

Sonnerard, rue Saint-Antoine, Marchand Boursier, renommé pour les culottes de peau, travaille pour la maison du Prince Louis.

BRASSEURS.

Delongchamp, rue Mouffetard, tient une des plus fameuses Brasseries, & a été chargé, vers l'année 1768, de l'établissement de la Brasserie de Brest, par ordre du Roi.

Pochet, Fauxbourg S. Antoine, vient d'établir à Choisy-le-Roi, sous l'agrément de M. le Duc de Cogny, une Brasserie, pour l'avantage des environs de Paris & de la Province. On y vend de la Biere blanche & rouge, & à la Conty, de la meilleure qualité, & pour la consommation de laquelle on trouvera un avantage sensible, tant pour le prix que sur les frais de transport.

BRODEURS.

Madame Benoît, rue Saint-Martin, vis-à-vis la prison. Brodeuse

Madame Jouannet, rue aux Fers, Brodeuse de feu Mgr. le Duc de Bourgogne, tient assortiment d'habits & vestes en broderies riches à paillettes d'or, d'argent & de couleurs, sur des desseins nouveaux & du meilleur goût.

Marteau, enclos des Quinze-Vingt, Brodeur, très-renommé pour la solidité & le goût de ses ouvrages, tient assortimens de différentes Broderies, qui s'appliquent sur des habits de toute saison ; il tient aussi des Broderies d'uniforme de Lieutenant-Général, & veste brodées en soie nuée, de petit deuil.

Rocher, (Madame) & Fils, rue Ferou, Brodeuse de la Chapelle du Roi & du Clergé de France, ont été chargés de la majeure partie des superbes broderies destinées pour le sacre de Sa Majesté.

Objets relatifs.

L'Art du Brodeur, par M. de Saint-Aubin, Dessinateur du Roi. Ceux qui n'ont qu'une connoissance superficielle de cet Art, seront étonnés en lisant cette description, de voir combien il exige de connoissance & d'adresse ; les différens genres de broderies qui sont en usage ; les différens points, les différentes étoffes, & les différentes matieres qu'on y emploie ; le tout orné de plusieurs desseins, exécutés par l'Auteur.

C A L

CAL

CALENDREURS.

Gévignon , rue Aumaire.

Madame *Lainé* , rue du Cimetiere Saint-Nicolas-des-Champs, tient un Cylindre & une Calandre Royale , par privilege de Louis XIII.

Mayeu, rue Transnonain.

Renouf, rue Gerard - Boguet. *Idem.*

CHAIRCUITIERS.

Cuel , rue des Barres, Chaircuitier de la Pourvoirie de la Reine , est un des plus renommés pour la bonne Chaircuiterie , & notamment pour les langues fourrées & à l'écarlate , & les gros cervelats à l'ail & à l'échalote, &c.

CHAMOISEURS.

Le sieur de *** rue & vis-à-vis Saint-Marcel, tient une Manufacture de maroquin de toutes couleurs qui ne cedent point en qualité aux cuirs du Levant, & ont la qualité essentielle de ne porter aucune odeur désagréable, & de ne point tacher les bas.

CHANDELIERS.

Berthelin, rue Saint-Honoré, fournit les Bâtimens du Roi, Hôtel-de-Ville, & Maisons de leurs Altesses Sérénissimes Monseigneur le Duc d'Orleans & Mgr le Prince de Condé.

Renard, rue du sauxbourg saint-Denis, ancien Jardinier de M. le Comte de Charolois, a trouvé l'art d'épurer le suif , & vient d'établir une nouvelle manufacture de chandelle, supérieure par sa qualité, sa blancheur & sa durée à la chandelle ordinaire, en ce qu'elle ne coule & ne fume point, ce qui lui a acquis la fourniture de plusieurs Bureaux,

CHA

Maisons & Communautés Religieuses.

Renault, au coin des rues S. Martin & aux Ours, vient d'inventer des meches de communication qui réunissent différens avantages pour accélérer le service des illuminations publiques, ce qui lui a mérité l'approbation de l'Académie.

CHAPELIERS.

N. . . . rue Galande , tient Fabrique & Magasin de Chapeaux.

Berger, rue saint-Germain-l'Auxerrois, *lisez* rue Tiquetone.

Caffin, rue saint-Jacques, tient Fabrique considérable & Magasin de Chapeaux, fournit Monseigneur le Prince de Condé, M. le Duc de Bourbon & les Gardes d'Artois.

Chatelin (veuve) rue S. Sauveur, tient fabrique & magasin en gros.

Chol & Janein , rue du Cimetiere saint-Nicolas, tient fabrique & magasin en gros, & fait des envois en Province & chez l'Etranger, &c.

Contencin , rue saint-Honoré , vis-à-l'Oratoire , tient magasin de Chapeaux de toutes especes, & notamment de Chapeaux de chasse & de voyage , tant en maroquin de couleur qu'en feutre, dont il fait des envois considérables en Province & chez l'Etranger.

Danloux , *lisez* Leblanc.

Darmenien , rue de la Bucherie, tient assortiment de Chapeaux de castor, de Garde-robe. On trouve chez lui des chapeaux , vrais castors de la Garde-robe du Roi, & autres de différens Seigneurs.

Faucherot, rue Galande , *lisez* Fauchereau, tient fabrique de Chapeaux de castor & de soie, dont il fait des envois en Province & chez l'Etranger.

B

L'Aiguillon, rue Comtesse d'Artois, tient fabrique & fournit les Gardes du Corps.

Lecocq, mort.

Petitjean, (veuve) Place du Pont saint-Michel, annonce de nouveaux Bonnèts de chasse & de voyage, en feutre, qui peuvent se mettre facilement dans la poche, & ne tiennent pas plus de place qu'un porte-feuille.

Piguenard, fauxbourg saint-Denis, au Chapeau Rouge, tient fabrique de Chapeaux à très-bon compte, dont il fait des envois considérables en Province, & notamment dans les Isles.

Pivert, rue Jacob, au coin de celle des Saints-Peres, Chapelier ordinaire du Roi & de la Cour, tient fabrique & magasin de tout ce qui concerne la Chapelerie.

C H A R R O N S.

Besse, rue sainte-Anne, Butte saint-Roch, fait différens trains à l'Angloise.

Blanchard, rue sainte-Anne, Charron de Monseigneur le Comte de Provence, est Inventeur de plusieurs trains de Voitures d'un nouveau goût qui réunissent chacun différens avantages.

Cointre, Freres, rue de la Planche, habiles Artistes, travaillent pour plusieurs Princes & Seigneurs de la Cour.

Corps, freres, rue de Verneuil, habiles Artistes, travaillent pour plusieurs Princes & Seigneurs de la Cour.

Corps, Chaussée d'Antin, idem.

Debrie, mort.

De la Porte, mort.

Denis, Porte saint-Honoré, lisez Porte saint-Antoine, Charron de la Reine, de M. le Prince de Soubise, & autres Princes & Seigneurs de la Cour.

Quesnel, à la Petite Ecurie, Charron ordinaire du Roi.

C H A U D R O N N I E R S.

Chartier, rue a présenté un nouvel étamage dans lequel il emploie un étain préparé d'une maniere qui lui est propre, & qui donne à l'étamage plus de solidité, sans le rendre plus nuisible à la santé; ce qui lui a mérité l'approbation de l'Académie.

Paternot, rue des Blancmanteaux, fait toutes sortes de Batteries de cuisine, & est particulierement renommé pour les moules de Pâtisserie, tels que des bonnets à la Turque, tortues, cornichers, asperges, raisins, melons, &c. Il fait aussi des cuvettes à coquille, fonds baptismaux, lampes d'Eglise & coqs de clocher.

Pelletin, rue des Canettes, aux deux Boutiques, un des plus habiles & des plus renommés de cette Capitale, pour tous les instrumens de Pharmacie, fournit le Roi, S. A. S. Monseigneur le Prince de Condé, & autres Princes & Seigneurs de la Cour.

Pichard, rue saint-Jacques, vis-à-vis le College du Plessis, est Inventeur d'une nouvelle Pompe en cuivre, de forme nouvelle, propre pour les incendies, & l'arosement des Jardins, qui lui a mérité l'approbation de l'Académie.

Objets relatifs.

Nouvelle Fabrique de vaisselle de cuivre, doublée d'argent fin, qui réunit la sûreté à l'économie, approuvée de l'Académie des Sciences & de la Faculté de Médecine, par le sieur Degournay, ci-devant Ingénieur du Roi, rue de Popincourt.

Nouvelle Batterie de cuisine de fer battu étamé, de la fabrique de Madame veuve De Laitre, rue du Bout-du-Monde.

Entrepôt général des Ustensiles & Batteries de cuisine de fer étamé, de la

Fabrique royale d'Alsace, chez le sieur Le Prince, Négociant, rue du Figuier, à l'Hôtel de Sens. On y trouve un assortiment complet de tout ce qui concerne la cuisine, l'office & la Chymie, & l'on peut s'y adresser pareillement pour le véritable & solide étamage dont il a seul le secret.

CHEVAUX. (Marchands de)

Objets relatifs.

Machine à hacher la paille, du Sieur Messier, Faubourg Saint-Antoine. Cette machine, plus commode & plus expéditive que toutes celles qu'on a employées jusqu'ici, au même usage, est très-simple, & ne peut que contribuer à mettre à plus bas prix la paille hachée, que l'on sait être une bonne nourriture pour les chevaux, lorsqu'on la mêle avec l'avoine dont elle diminue la consommation; ce qui lui a mérité un Privilège du Roi, d'après l'approbation de l'Académie.

CHIRURGIENS

pour les Opérations.

Delafaye, rue saint-Honoré, près les Jacobins, un des plus célèbres & des plus renommés pour ses opérations.

Dumont, rue du Four saint-Germain, privilégié & pensionné du Roi, pour les fractures, luxations & foulures de nerfs.

Le Sieur Lafeuillade, rue Guénégaud, possède un fébrifuge, qui, d'après le rapport de M. Lelong de Lassaigne, Méd. ord. de Mgr. le Comte de Provence, des heureux effets opérés par ledit remède administré sous ses yeux, lui a mérité des Lettres-Patentes de Sa Majesté, pour vendre & distribuer librement ledit remède par-tout le royaume.

Lafont, particulièrement connu pour les carnosités.

Laforêt, rue d'Anjou, un des plus habiles & des plus renommés pour la fistule lacrymale, vient d'inventer & faire exécuter une sonde qui en facilite l'opération.

Lerut, connu particulièrement pour les maladies scrophuleuses.

Motreau, rue du Chaume, renommé pour une tisanne purgative & apéritive, qui purifie la masse du sang.

Sabatier, Chirurgien-Major des Invalides, renommé pour les opérations.

Silvie, rue des Brodeurs, vient d'établir une nouvelle maison de santé, pour les personnes de tout sexe, & pour traiter toute sorte de maladie, à raison de 4 liv. 5 liv. & 6 liv. par jour. On y est, à ce prix, logé, nourri, chauffé, blanchi & médicamenté.

Objets relatifs à la Chirurgie.

Anatomie factice & artificielle, de Mademoiselle Biheron, rue de la vieille Estrapade. Chaque parties du corps humain subdivisées, sont autant de chef-d'œuvres, qui lui ont mérité, des gens de l'Art, les éloges les plus flatteurs, pour la vérité des formes, l'exactitude des positions, les degrés d'opacité, de transparence, de roideur & de flexibilité que l'on remarque dans la nature, & généralement par la précision avec laquelle les moindres détails sont rendus. Il seroit à souhaiter qu'on mit cette méthode en usage en faveur des Eleves en Chirurgie, dans les temps sur-tout qui ne permettent point de travailler sur la nature, ni d'en examiner d'assez près toutes les parties. On voit cette Anatomie les Mercredis à 11 heures.

Bas de peau, préparés pour les maux de jambes, par le Sieur Daillé, Chirurgien Eleve de l'Hôpital de la Charité, rue saint-Denis.

B ij

Fauteuil roulant, à l'usage des malades, *du Sieur Ferry*, Serrurier.

Deux instrumens servant à introduire, par la voie de l'inspiration, différentes vapeurs dans l'intérieur du poumon du malade, par un Auteur inconnu, approuvé de l'Académie.

Lit méchanique, du Sieur Garat, Menuisier. Ce lit, destiné à épargner aux malades les douleurs que les secousses leur font éprouver lorsqu'on est obligé de les remuer, remplit parfaitement le but quel'Artiste s'est proposé ; un enfant de dix ans étant seul en état de donner au malade toutes les attitudes qu'il peut desirer sans lui toucher, même de le changer de linge en totalité, & lui procurer tous les secours nécessaires ; ce qui lui a mérité un privilege du Roi, d'après l'approbation de l'Académie.

Nouveau Lit, à l'effet de procurer aux malades, d'une maniere douce & par une méchanique aussi simple qu'ingénieuse, toutes les attitudes qu'ils peuvent desirer, par l'Abbé *Michel*.

Cet habile Artiste est d'autant plus estimable que sa générosité & son ame naturellement bienfaisantes le portent à fournir ces lits à un prix si modique que les Hopitaux sont dans le cas d'en pouvoir faire usage. S'adresser au Bureau d'Indication, rue saint-Honoré, Hôtel d'Aligre.

Machine, pour faire la réduction des os démis ou fracturés. Les efforts qu'il faut faire pour pouvoir trouver à volonté les parties luxées ou fracturées, & leur donner la véritable position, ne peuvent s'opérer par la main d'un seul homme, ce qui fait que les aides qui doivent tous agir, & souvent n'agissent pas de concert avec le Chirurgien, peuvent causer un très-grand nombre d'accidens, dont le moindre est l'excessive & inutile douleur qu'on cause au malade; a donné lieu au *Sieur Mau*-

pillier, Chirurgien, à Chalons en Anjou, d'imaginer & d'exécuter une machine qui remédie à ces inconvéniens. Cette machine, dont les mouvemens s'opposent doucement, sans sacades & à la volonté du Chirurgien, a été imaginée d'après des réflexions judicieuses, & exécutée de maniere à produire tous les bons effets que lui attribue l'Auteur, pour la réduction des os fracturés & démis, lui a mérité l'approbation de l'Académie.

Contre les Plaies.

Onguent pour la guérison de toutes sortes de plaies. Prenez trois jaunes d'œufs, un quarteron de miel, & demi-verre de vin blanc ; mêlez le tout ensemble sur un feu doux, avec une spatule de bois, & vous en formerez un onguent propre à toutes sortes de plaies, même celles ménacées de gangrene.

Pommade douce & spécifique pour la guérison radicale des hémorrhoïdes externes & internes, approuvée de la Commission Royale de Médecine. S'adresser au Bureau de l'Auteur, rue saint-Honoré, Hôtel d'Aligre.

CHIRURGIENS-ACCOUCHEURS.

Barbault, Quai d'Orleans.

Delury, Quai d'Orleans.

Gervais, rue saint-Antoine, près celle de Fourcy.

Levret, rue des Vieux-Augustins, Accoucheur de feu Madame la Dauphine.

Millot, rue de Richelieu, près celle des Petits-Champs, Accoucheur de de Leurs Altesses Sérénissimes Mesdames les Duchesses de Chartre & de Bourbon.

Ruffel, rue du Hazard.

Taillandier de la Bussierre, rue de la Harpe, au Bœuf couronné, Professeur du Collège & Académie

Royale de Chirurgie, tient un cours particulier d'acouchement, pour les Eleves & jeunes Sages-Femmes.

Terenot, rue de la Grande Truanderie.

Objets relatifs.

Nouvelle Pompe pneumatique, qui, parmi les différens genres de maladie auxquels elle peut être applicable, fert particuliérement à vuider, avec facilité & fans inconvéniens, le lait engorgé dans les mamelles, par *M. Gottlieb Stegmann*, Professeur de Mathématiques à Caffel. Prix 7 rixdalers.

Fantomes ou *Manequins* propres à donner aux Chirurgiens-Accoucheurs & aux Sages-Femmes, l'exercice du manuel des accouchemens. Chez *Madame l'Enfant*, maison de M. Jombert, rue des Mathurins.

CHIRURGIENS-HERNIAIRES.

Experts pour les Defcentes.

Brognard, rue de la Vieille Monnoye, inventeur de nouveaux Bandages Elastiques, très-doux & très-commodes pour la guérifon des hernies ou defcentes.

Dhiribaren, rue de la Harpe, Eleve du fieur Sorray, eft connu avantageusement par une nouvelle méthothode, concernant la forme & confruction des bandages propres au traitement & à la guérifon des hernies. Cet Artiste, digne de la plus grande confiance, fupplée aux défauts & confruction qui peuvent fe rencontrer chez les Herniftes, & fimplife les machines propres au traitement le plus commode & le plus efficace.

Juville, rue des Foffes-Saint-Germain l'Auxerrois, vis-à-vis la colonnade du Louvre, indépendamment des différens bandages dont il fait ufage,

donne avis qu'il vient d'en inventer un d'une nouvelle conftruction pour les hernies ventrales & embilicales, dont la méchanique, qui eft très-fimple, n'a pas une ligne d'épaiffeur.

Marchais, Carrefour de l'Ecole, Chirurgien en charge de Mgr. le Comte de Provence, expert pour les defcentes.

Rofe, rue fainte-Marguerite, Fauxbourg faint-Germain, Expert reçu à l'Ecole de Chirurgie, un des plus habiles pour la conftruction des bandages élaftiques pour la guérifon des hernies ou defcentes, vient de conftruire de nouveaux fupports élaftiques, contre la courbure des jambes ou de l'épine du dos des enfans, & annonce qu'il eft fi fûr de leur fuccès, qu'il s'engage à en rendre le prix, fi, d'après l'expérience, l'on n'eft pas fatisfait.

CHIRURGIENS-OCCULISTES.

Grandjean, rue Galande, un des plus experts pour les maladies des yeux.

Objets relatifs.

Difcours prononcé à l'Académie, *fur la* cataracte, par *M. Tenon*.

Yeux d'émail, qui figurent parfaitement l'œil naturel, & font, à l'extérieur, les mêmes opérations. S'adreffer au Bureau de l'Auteur, rue faint-Honoré, Hôtel d'Aligre.

CHIRURGIENS-DENTISTES

& Experts pour les maladies des dents & des gencives.

Botot, Place Maubert, un des plus renommés pour tout ce qui concerne les maladies des dents & gencives, établi, en cette Capitale, un cours public & pratique fur l'art de conferver & d'extraire les dents. Cet habile & célèbre Artiste, qui donne chaque jour de nouveaux témoignages de son zele & des connoissances qu'il a acquises dans cette partie, n'a pour but que d'instruire les jeunes Eleves qui se destinent à aller en Province, & les mettre à portée de connoître & faire usage des instrumens qui facilitent le plus l'artiste dans ses opérations, & causent moins de douleurs au malade.

Courtois, rue & près la Comédie Françoise, à l'Hôtel de la Fautriere, est Auteur d'un nouvel instrument pour l'extirpation des dents doubles, avec lequel il remédie aux inconvéniens que la pratique présente journellement dans la maniere de les ôter.

Le Roy, rue de Grenelle saint-Honoré, Chirurgien-Dentiste, de feu S. A. S. Madame la Duchesse d'Orleans, est un des plus renommés pour guérir toutes les maladies de la bouche, & pour tirer les dents, les ranger, plomber, séparer, nettoyer & en remettre d'artificielles. Il seroit à souhaiter que cet habile Artiste voulût bien donner au public le manuscrit précieux qu'il a fait sur l'Art du Dentiste.

Correspondans.

Le Sieur Aozeby, à Lyon, est Auteur d'un *Traité odontalgique*, fort estimé par les gens de l'Art.

Objets relatifs.

Remedes & Secrets approuvés contre les maux de dents.

Barreaux aimantés, propres à arrêter sur le champ les douleurs de dents; à Paris, rue saint-Antoine, chez M. Han, Horloger, près l'Hôtel de Turgos.

Opiat Royal, du Sieur Dulac, Parfumeur, rue saint-Honoré. La composition de cet Opiat est due aux recherches d'un des plus savans Mé-

decins de l'Europe, & attesté par feu M. Capron, Dentiste du Roi *Véritable trésor de la bouche*, pour blanchir les dents, nettoyer & affermir les gencives, & conserver la bouche dans la plus grande fraîcheur, de la composition *du Sieur N. . . . . .* approuvé de la Commission Royale de Médecine. *Voyez Remedes & Secrets approuvés.*

Elixir odontalgique, du sieur le Roi de la Faudirue, Dentiste de son Altesse Sérénissime Monseigneur le Prince Palatin, Duc régent des Deux-Ponts, rue Royale saint-Antoine. La découverte de cet Elixir, reconnu, ainsi que l'opiat qui l'accompagne, pour un des plus fameux dentifrisse contre tous les maux de dents & gencives, a mérité à cet Artiste l'approbation de la haute Chirurgie, & un Brevet de la Commission Royale de Médecine. Le succès continuel de ses opérations, soutient, à juste titre, la réputation singuliere qu'il s'est établie dans toutes les parties du monde où les François ont relation.

Esprit de la Mecque & Elixir antiscorbutique du sieur Ricci, Quai de la Féraille, pour rétablir les affections scorbutiques de gencives, détruire les petits chancres & ulceres de la bouche, & guérir radicalement les douleurs de dents, telles qu'elles puissent être, sans qu'elles fassent jamais plus de mal, & sans que ce remede, qu'il annonce immanquable, porte jamais préjudice aux bonnes dents.

COEFFEURS.

Andis, Quai de l'Ecole, tient assortiment d'ouvrages méchaniques en cheveux, pour faciliter aux Dames la commodité de se coëffer elles-mêmes, & de varier en un instant leur coeffure.

Debonne, rue des Vieux Augustins,

chez le Pâtissier, habile Coësseur en tout genre.

Madame Desinares, au coin de la rue saint-Louis saint-Honoré, coësse avec beaucoup de goût & de légéreté.

Durand dit Legoût, Quai de la Ferraille, vis-à-vis le Pont-Neuf, tient école de coëssure, toutes sortes de postiches de différens genres, toeques montées en fil de laiton, peignes garnis de cheveux, & généralement tout ce qui concerne le talent de la coëssure.

Frédérik, rue Thibautodé, un des plus habiles & des plus renommés de cette Capitale, tient école de coëssure, place des femmes & valet de chambre coësseurs, & fournit un rouge de Portugal, accrédité par la finesse & la douceur de ses nuances.

Legros, (Mad. la Veuve) rue saint-Honoré, vis-à-vis celle de l'Arbre-Sec, tient école de coëssure, fait des Eleves, & place femmes de chambre & valets de chambre coësseurs. Son Traité académique de l'Art du coësseur, d'après plus de cent modeles de coëssure du meilleur goût, gravés sur les originaux, suffit pour juger de son aptitude dans l'art de faire de bons Eleves, & de ses talens pour la main-d'œuvre.

Moureau, rue de Bourbon-Villeneuve, Coësseur de Madame la Marquise de Lanjac.

Plantier Dreanaple, rue saint-Louis au Marais, Eleve du *Sieur Frédérik*, tient école de coëssures pour les Dames, dans les goûts les plus nouveaux & les plus recherchés, & fait des Eleves en très-peu de temps, soit pour apprendre à coëssier, ou pour se coëfer soi-même. Il tient chaque année, à la Foire saint-Germain, assortiment de postiches, & place des femmes de chambre & valets de chambre coësseurs.

COFFRETIERS.

Philippe, rue Jacob, Coffretier ordi-naire de M. le Prince Tingri, de M. le Duc de la Rochefoucault & autres Seigneurs de la Cour, a été chargé, par le Duc d'Arrandas, de tous ses coffres & malles d'impériales des équipages du Roi de Danemark.

COMÉDIENS.

Acteurs & Actrices de l'Opéra.

Asselin (Mademoiselle) rue Coquilliere, *lisez* rue saint-Anne.

Cassignale, absent.

Gelin, rue Neuve saint-Eustache, *lisez* rue de Grammont.

Guimard (Mademoiselle) rue de Richelieu, *lisez* Chaussée d'Antin.

Heinel (Mademoiselle) rue de Richelieu, *lisez* rue des Fossez-Montmartre.

Peslin (Mademoiselle) rue Boucherat, *lisez* rue de Richelieu, près le Boulevard.

Comédie Françoise.

Bonneval, rue de Seine, *lisez* rue Verte, Fauxbourg saint-Honoré, absent.

Dubois, (Mademoiselle) rue du Sépulcre, *lisez* rue des Petits-Champs, retiré, & remplacée par *Madame Vestris*.

Dugazon, rue Neuve saint-Roch, double les rôles comiques, & joue tous ceux dont il est chargé avec beaucoup de succès, d'intelligence & de gaieté; cet Acteur saisit tous les caractères avec tant d'aisance & de facilité, qu'on pourroit dire de lui, que Thalie en naissant l'a formé pour la Scene.

Feuillie, mort. Remplacé par M. Defessut, Acteur d'un mérite distingué.

Hus (Mademoiselle) rue Mazarine, *lisez* Barriere Notre-Dame-des-Champs.

Montel, rue d'Argenteuil, *lisez* rue Neuve saint-Roch.

Préville, au Carousel, *lisez* Fauxbourg saint-Laurent.

Raucourt (Mademoiselle) rue du Dauphin. Cette Actrice, dont la figure noble & intéressante prévient d'abord en sa faveur, est douée d'un organe sonore, flexible & sensible. Ses traits, son maintien & sa voix prennent rapidement l'empreinte du sentiment qui l'anime. Elle possede enfin l'art si précieux de rendre la nature sans l'affoiblir ni l'exagérer, & exprime surtout, avec une magie singuliere, dans les passions fortes, l'alternative continuelle & progressive d'intérêt, de tendresse, d'amour, de crainte, de fureur & de désespoir.

Saint-Val (Mademoiselle) rue saint-Honoré, *lisez* rue de l'Echelle.

Vestris (M. & Mad.) rue du Dauphin, *lisez* rue saint-Honoré, vis-à-vis celle de la Sourdiere.

Comédie Italienne.

Caillot, retiré.

CORDONNIERS pour hommes.

Chilatrie, rue des Vieux Augustins, très-fameux.

Colas, rue des Vieux Augustins, très-fameux.

Cottenet, rue des Vieux Augustins, un des plus habiles & des plus renommés pour la coupe des bottes à l'Angloise & bottes de chasse, travaille pour Monseigneur le Duc de Chartres, le Prince de Lambesc, & autres Seigneurs de la Cour, & fournit la véritable cire luisante & non graiseuse d'Angleterre qui noircit le cuir sans l'altérer.

Ferry, rue Coquilliere, à l'Hôtel Calais, Cordonnier de S. A. S. Monseigneur le Duc de Chartres.

Ferry, rue des Vieux Augustins, *lisez* rue Ticquetonne.

Fourner, rue Pavée saint-Sauveur, très-fameux, fournit particulierement la Robe & la Finance.

Frédéric, rue de Bussy, Cordonnier

très-renommé. *Voyez Cordonnier.*

Geneoux, rue de Bussy, à l'Hôtel de Bussy, est des plus renommés pour l'élégance, travaille pour plusieurs Princes & Seigneurs de la premiere qualité.

Gerard, rue des Vieux Augustins, très-habile, & un des plus renommés pour la solidité.

Thomas, rue Grenier-saint-Lazare, renommé pour les bottes à l'Angloise à double couture, de véritable cuir de Liege, à l'épreuve de l'eau.

Cordonniers pour femmes.

Choisi, rue d'Argenteuil, un des plus habiles & des plus renommés pour femmes, travaille pour Madame la Comtesse d'Artois.

Roguel, rue du Four saint-Germain, travaille pour Madame Victoire & autres Princesses de la Cour.

Simonin, rue de la Croix Blanche, Cimetiere saint-Jean, travaille pour Madame la Duchesse de Bourbon, &c.

Objets relatifs.

Magasin Anglois, du Sieur Mayer, rue de Betizy, magasin considérable de souliers tous faits, pour homme, bottes cirées & lustrées Angloise, à double couture, à l'épreuve de l'eau.

Nouveau Magasin François, du sieur de Vismes, rue de la Monnoie, au coin de celle de Betizy, très-bien assorti en souliers pour hommes & pour femmes. Fait des envois en Province & chez l'Etranger, &c.

Magasin considérable de chaussure pour homme, du Sieur Marcilly, annoncé sous le titre de manufacture de véritable bottes & souliers de cuir de Liege, à simple & double couture, & à l'épreuve de l'eau, rue Quincampoix.

Magasin considérable de chaussure pour homme, annoncé sous le titre de manufacture

nufacture de véritables bottes & souliers de cuir d'Angleterre, à double couture, & à l'épreuve de l'eau, rue Saint-Honoré, vis-à-vis les Quinze-Vingts.

Noir d'Angleterre, ou nouvelle cire, propre à noircir les souliers, les bottes & autres ouvrages de cuir, qui, sans noircir les mains ni les bas, ni donner aucune mauvaise odeur, entretient le cuir luisant & flexible, chez le Sieur Lebrun, Epicier, rue Dauphine, aux Armes d'Angleterre. Prix 12 sols la tablette, qui fait environ une chopine de cire liquide.

COUTELIERS.

Jean, Coutelier, rue de Buffy, au Guidon Royal.

Objets relatifs.

L'Art de polir l'acier, par le Sieur Perrot, Coutellier. Un miroir d'acier poli, que cet Artiste a présenté à l'Académie, qui ne cede en rien aux plus belles glaces de Venise, prouve qu'il a au moins atteint, s'il n'a surpassé, le plus vif poli d'Angleterre.

Moyen pour faire tourner soi-même une meule à repasser les couteaux ou rasoirs, par le secours d'une pédale, qui, en évitant des journées de manœuvriers, laisse à l'Artiste la liberté d'accélérer ou de ralentir le degré

de vitesse de la roue, & le met à l'abri des accidens terribles qui résultent de l'explosion des meules, causée par le trop grand degré de vitesse.

Nouvelles pierres de Langres, de toutes espèces de diametre, supérieures par la douceur & la finesse du grain, à toutes celles des autres carrieres de l'Europe. S'adresser à Messieurs les Chanoines du Chapitre de Langres.

Meules de composition, pour repasser toutes sortes d'instrumens tranchans. Ces meules ont paru beaucoup moins sujettes à rayer les outils que les meules ordinaires, font moins de feu avec l'acier, & les outils en sont moins endommagés, elles ont même, comme les cuirs, une certaine onctuosité propre à adoucir le poli de l'acier, & conserver les instrumens tranchans.

COUVERTURIERS

qui tiennent fabrique ou magasin de couvertures.

Le Sieur Antoine a établi, en cette Capitale, une fabrique & manufacture de matelats & couvertures, avec des laines qu'il prépare lui-même, par des procédés particuliers qui lui ont mérité un Privilège du Roi, d'après l'approbation de l'Académie.

DEG   DEG

DÉGRAISSEURS.

Bonnet, rue de Seine, pour les étoffes de soie, travaille pour M. le Duc de Duras.

Duelle, rue des Boucheries, un des

plus habiles & des plus renommés pour remettre à neuf toutes sortes de Garde-robes.

Haumont, rue des Petits Champs, travaille pour la Maison de M. le Duc d'Orléans.

Haumont, rue Jean-Saint-Denis.

C

Hochut, au Temple , au Bâtiment Neuf, nettoie avec succès à sec toutes sortes d'étoffes brodées, galons, raiseaux d'or & d'argent, & étoffes pour meubles.

Juneau, rue des Fossés-saint-Germain, travaille pour la Maison de Monseigneur le Prince de Condé, M. le Duc de la Rochefoucault, & autres Princes & Seigneurs de la Cour.

Le Clerc, rue du Sépulcre.

Parizot, rue de Grenelle-saint-Honoré.

Seigneur, rue de Bourbon, fauxbourg saint-Germain, travaille pour la Maison du Prince de Salm.

Objets relatifs.

Nouvelle Essence restimentale, qui enleve & fait disparoître à l'instant toutes especes de taches graisseuses, d'huile, de cire , de suise & de cambouis, sur la laine & la soie, sans en altérer les couleurs ni le lustres. Au Bureau de l'Auteur , rue saint-Honoré, Hôtel d'Aligre.

La veuve Lamarre, rue Tirechappe, continue, avec le même succès, de nettoyer à sec les galons d'or & d'argent, & les broderies, sans endommager les étoffes, ni en altérer les couleurs.

DOREURS-ARGENTEURS.

Bierty, rue de la Verrerie, au Temps présent.

Boulay, rue Grénetat, très-habile en tout genre.

De la Motte, rue de la Verrerie, au Maître de Tout, tient un très-fam. magasin en dorures & argentures.

Goutiere, Quai Pelletier, Doreur-Argenteur en tout genre.

Jacquin, rue de Grenelle , fauxbourg saint-Germain, travaille pour M. le Duc de Biron.

Objets relatifs.

Véritable Vernis Anglois du sieur *Torogood* , rue de (Tournon, qui imite parfaitement la plus belle dorure sur métaux , & le plus beau noir de la Chine.

Nouvelle maniere d'argenter par fusion, supérieure à tous les procédés mis en usage jusqu'ici. Le ciseau & le brunissoir avec lesquels on peut, sans craindre, rectifier ensuite les ornemens, achevent de donner à l'ouvrage le brillant & le poli que peuvent recevoir les pieces mêmes d'argent.

    Par cette nouvelle maniere d'opérer, l'argenterie pénétre le cuivre & fait corps avec lui, de sorte qu'il n'est besoin de désargenter la piece pour la réparer , & si d'après un très-long usage elle en devenoit susceptible, cette réparation se feroit beaucoup plus commodément, à bien moins de frais, & rendroit la piece encore plus belle.

    Les personnes curieuses d'apprendre ce procédé, en trouveront tous les détails circonstanciés au Bureau de l'Auteur, rue saint-Honoré , Hôtel d'Aligre.

ÉBE   ECR

ÉBÉNISTSTES.

Carlin, rue du fauxbourg faint-Antoine, près la Fontaine.

Delormes, rue Ticquetone, un des plus habiles & des plus renommés pour les ouvrages de marqueterie.

Montigni, rue Contrefcarpe, fauxbourg faint-Antoine, un des plus renommés pour les meubles de marqueterie en écaille, & argent ou ébene & cuivre, dans le genre des ouvrages du célebre Boule, dont on peut voir la collection au Cabinet des Médailles de Sa Majefté, au Louvre. Il eft très-important, de ne confier ces fortes d'ouvrages pour les nettoyer ou les racommoder, qu'aux gens de l'Art, fi on veut les conferver.

ÉCRIVAINS.

Brazier, rue de la Féronnerie, connu par un Tableau d'entrelats & d'oifeaux en encre d'or, jaune & verte, repréfentant la couronne de France & le chiffre du Roi qu'il a eu l'honneur de préfenter à la Cour.

Le fieur *Cogne*, Montagne fainte-Génevieve, au Café de Malte, tient cours d'écriture.

Coulon, rue de Bourbon, vis-à-vis les Théatins, tient Cours public & gratuit d'Ecriture, de Mathématiques, de Géographie & de Grammaire Françoife.

Hugue, rue des Rofiers, au Marais : indépendamment des leçons fur l'écriture, qu'il donne chez lui, fait dans l'année plufieurs cours de Grammaire Françoife, d'après les meilleurs Auteurs.

Léclabart, rue des Foffés-faint-Germain-l'Auxerrois, de l'Académie Royale d'Ecriture. Cet Artifte fi célebre pour la contrefaction de toutes fortes d'impreffions étrangeres, telles que l'Hébreu, le Grec, le Syriaque, eft particuliérement renommé pour les vignettes & cadres qu'il imite à fe méprendre, entre l'originale & la copie.

Les fieur *Potier* & *Paillaffon*, de l'Académie Royale d'Écriture, viennent d'être honorés du Brevet d'Écrivains ordinaires du Cabinet du Roi.

Correfpondans.

Royer, Maître Ecrivain-Arithméticien, rue des Frippiers, à Verfailles, eft inventeur d'un inftrument mécanique & portatif pour calculer & dreffer les différentes regles d'arithmétique, même en fe promenant.

Il eft auffi inventeur d'un autre inftrument mécanique & portatif qu'il appelle *Secrétaire portatif*, inftrument très-leger pour fervir d'écritoire & de portefeuille qui renferme un encrier, des plumes, un canif, du papier, de la poudre, du pain à cacheter, un cachet, &c. *Prix 3 liv.*

Le fieur *Rochon*, Auteur du portrait du Roi, en traits de plumes, fans fin, prend des Penfionnaires, & tient Académie d'externes pour toutes les parties de fon art, tant de la Banque, que du commerce. *A Verfailles.*

Objets relatifs.

Encre, (Manufacture d') du fieur *Royer*, rue faint-Martin, vis-à-vis celle de faint-Nicolas-des-Champs, double, fimple & luifante, ou com-

mune indélébile, incorruptible, sans
fleurs, dépôt ni champignons; liquide & en poudre de diverses couleurs (approuvée de l'Académie
Royale d'Écriture, le 10 Avril 1773.
Il en fait des envois considérables
par-tout le Royaume & en Pays
Étrangers.

Encre de la petite Vertu de la composition du sieur Guyot, Place de
Greve. Cette Encre est sans contredit, une des plus anciennes & des
plus renommées, & qui s'est, à plus
juste titre, mérité & conservé la réputation avantageuse dont elle jouit:
il s'en fait des envois considérables en
Province & chez l'Étranger.

Le Polygraphe, ou Machine ingénieuse
pour faire trois copies de lettres à la
fois, approuvée de l'Académie. Au
Bureau de l'Auteur, rue Saint-Honoré, Hôtel d'Aligre.

ÉCUYERS.

Saint-Denis, ancien Piqueur de Monseigneur le Dauphin, vient d'établir,
rue de Courcelles, un Manege pour apprendre aux Dames à monter à cheval, & leur donner des leçons, suivant les principes de l'Art.

Objets relatifs.

Nouveaux Étriers Anglois qui évitent
au Cavalier, en cas de chûte, d'être
traîné par son cheval. Au Bureau
d'Indication, rue saint-Honoré, Hôtel d'Aligre.

EMAILLEURS-OCULISTES.

Auzou, rue Sal-au-Comte, Emailleur
du Roi, un des plus habiles & des
plus renommés pour les yeux artificiels d'émail.

On ne sauroit trop faire connoître au Public le talent ingénieux &
vraiment utile avec lequel cet Artiste se rapproche si près de la na-

ture que l'art semble disparoître dès
que l'œil artificiel est mis en place.

On les voit tous deux suivre la
même direction, & faire ensemble
les mêmes mouvemens, sans rien
laisser appercevoir de leur défec-
tuosité.

Raux, Emailleur ordinaire du Roi,
rue des Juifs, un des plus habiles
& des plus célebres de cette Capitale, pour les yeux artificiels d'émail,
en tient une collection précieuse de
toutes especes.

Cet ingénieux Artiste est parvenu
au point d'imiter tellement la nature par la forme, la couleur & le
brillant, que lorsque l'œil éteint
n'est pas entièrement détruit ou dé-
formé, celui qui le remplace, reçoit tous les mouvemens du muscle,
& ne permet plus de distinguer lequel des deux est affecté.

Sa générosité & son amour pour
le bien de l'humanité, le portent
même à en donner gratuitement les
Lundis aux Pauvres.

Il fait des Barometres & des
Thermometres & autres instrumens
de Physique, & exécute en émail
tous les sujets que pourroient lui
commander les Officiers de bouche, pour exprimer sur des surtouts
de desserts quelques évènemens
flatteurs, singuliers ou remarquables.

EMAILLEURS EN PERLES.

Baillemont, Cour saint-Martin, Fa-
brique de Perles.
Cazot, l'aîné, rue de la Croix, tient
fabrique & magasin de Perles.
Cazot, Cour saint-Martin, tient fa-
brique & magasin de Perles.
Gilot, rue Grenetat, Fabrique de
Perles.
Lescalier, rue de la Croix, Emailleur
de Perles. Voyez FAYANCIERS.

EMAILLEURS EN CADRANS,
Voyez HORLOGERS.

EMAILLEURS EN MINIATURE,
Voyez PEINTRES.

EPERONNIERS.

Paul, lisez Dela Boissiere, Eperonnier ordinaire du Roi, Successeur, &c.

ÉPINGLIERS.

Gautier, rue saint-Antoine, au coin de celle de Fourcy, connu pour le grillage à grains d'orge & grils à charniere pour faire cuire & retourner le poisson commodément.

Leroi, rue Phélipeaux, est inventeur des masques de salles d'armes, & fait d'ailleurs tout ce qui concerne son état.

Correspondans.

Le sieur Moson, Anglois, Pensionné du Roi, tient à Lyon, rue Royale, une manufacture de grillages en fils de laiton, depuis dix jusqu'à soixante sols par proie. Il fabrique aussi des peignes d'acier pour toutes les étoffes, & des tamis aussi commo-

des qu'économiques pour les grains, drogues, épiceries, farines, &c.

Objets relatifs.

L'Art de l'Épinglier, par M. Duhamel, d'après les Mémoires & Observations de MM. de Réaumur & Péronet.

On sera étonné du nombre d'opérations nécessaires pour mettre à sa perfection, un ouvrage aussi vil en apparence qu'un épingle, & des moyens ingénieux dont il a fallu se servir pour le procurer au Public à un prix si modique qu'un millier de pieces qui ont passé chacune quatorze fois par les mains, pour être données pour moins de vingt sols. Il se fabrique peu d'épingles en cette Capitale : il se tient seulement des magasins supérieurement assortis des meilleurs Fabriques de l'Europe.

ÉVENTAILLISTES.

Objets relatifs.

Éventailles d'yvoire, avec lunettes de spectacle. S'adresser au Bureau d'Indication, rue saint-Honoré, Hôtel d'Aligre.

FAB   FAB

FABRICANTS D'ÉTOFFES
pour meubles.

Correspondans.

De Lozieres (Madame) veuve de Pierre Nourisson, à Lyon, ayant trouvé l'art d'exécuter avec facilité toutes sortes de grands desseins courans, à fleurs nuées, sur fil, filosel, soie & coton, le Roi, de glorieuse mémoire, lui a accordé le privilege de faire fabriquer des étoffes pour meubles, avec défenses à aucuns Jurés des

Corps & Communautés, de l'inquiéter ni troubler dans ses opérations.

Objets relatifs.

Machine pour devider, purger & doubler les soies par une même opération, par M. de Vaussenas.

Les soies y sont purgées par un moyen si simple qu'on a lieu d'être surpris qu'il n'ait pas été employé plutôt à cet usage : c'est une espece de filiere qui arrête les nœuds & les bourses sans rompre le fil le plus fin ; rien n'est plus facile à exécuter. On peut aisément renouer un fil sans arrêter les autres bobines : l'application de cette filiere au devidage des soies, a été regardée comme une idée heureuse, & d'autant plus utile que son exécution ne coute presque rien. Cette machine ingénieuse, expéditive & propre à remplir les trois objets nécessaires dans le devidage, lui a mérité l'approbation de l'Académie.

Machine exécutée à Rouen & à Gisors, par M. Brisont, pour accélérer & perfectionner la filature du coton, du lin & de la soie, & principalement pour diminuer le prix de la main d'œuvre dans la filature des cotons fins, propres à fabriquer des mousselines. Deux cens quatre-vingt-sept bobines y sont mises en mouvement par deux grandes roues, & cent quarante-huit fileuses ayant chacune une quenouille placée devant elles, tirent un fil de chaque main, & comme elles ne sont assujeties à aucun autre mouvement, elles peuvent donner toute leur attention à rendre leur fil parfait ; chaque fileuse peut interrompre ou ralentir à volonté le mouvement de sa bobine, sans rien changer au mouvement de toutes les autres, & filer plus ou moins, à proportion de son habileté. Cette machine a paru d'autant plus intéressante que les essais de coton qui ont été présentés à l'Académie, ont été trouvés d'une très-grande beauté, & que nombre de certificats en constatent le succès.

Nouvelle maniere de faire les peignes à tisser un ros, usités dans toutes les Fabriques d'étoffes. Ces peignes sont formés de quantité de petites lames de rozeau, ou quelquefois d'acier, retenues par des jumelles. M. Delier a proposé une machine au moyen de laquelle les ros se font beaucoup plus vite & plus exactement, que par la maniere ordinaire; objet très-important pour toutes les

Manufactures d'étoffes qui lui a mérité l'approbation de l'Académie.

FAYANCIERS.

Billot, rue Aubri-le-Boucher, tient un des magasins les mieux assortis en petits animaux, figures & autres ornemens.

De la Cour, rue de Montmorency, tient fabrique & magasin très-considérable.

Lair, (Mad. la Veuve) au coin de la rue de l'Arbre-Sec & des Fossés-Saint-Germain-l'Auxerrois, à l'Hôtel de Lisieux, tient un des plus superbes magasins de Porcelaine de Seve, plateaux, lanternes en verres de Bohemes, garnitures de cheminées, & autres bijoux d'ornemens.

Leulier, Fauxbourg Saint-Antoine, près la Bastille, tient un des plus fameux magasins de fayance, & est très-renommé pour la bonne bierre.

Locré, rue Fontaine au Roi, Basse-Courtille, Entrepreneur de la Manufacture de Porcelaine Allemande, tient son magasin rue Michel-le-Comte. On y trouve des services de table complets qui souffrent relativement à la perfection des pieces les liqueurs les plus bouillantes, même le feu, sans inconvénient.

Souroux, rue de la Raquette, fauxbourg Saint-Antoine, tient fabrique considérable de plats, assiettes & autres vases de fayance japonée, façon de porcelaine, dont il fait des envois considérables en Province, & chez l'Étranger. *Voyez* FAYANCIERS.

Correspondans.

Martin est chargé de la Correspondance de la Manufacture de fayance de Niderwiller, près Sarebourg, Généralité de Metz.

Objets relatifs.

Manufacture Royale à Sèves, près Paris, de la plus belle Porcelaine de l'Europe, dont il se fait des présens précieux par le Roi de France, aux premieres Cours de l'Univers.

Manufacture de Porcelaine de Villeroy, à Villeroy, près Paris.

Manufacture de Porcelaine, qui va au feu, établie par le sieur Hanon, un des plus habiles Artistes en ce genre, que la France ait produit.

Magasin & assortiment considérables de plats, assiettes & vases d'anciennes porcelaines de Saxe, du Japon & autres effets en bronze dorés d'or moulu, rares, curieux & précieux en différens genres de hazard, chez le sieur Delpeche, rue des Prouvaires.

Kumpff, (Madame) rue des Canettes; chez le Perruquier, possede le secret de raccommoder très-proprement, avec une soudure au feu, les porcelaines cassées, de même que le crystal, les tables de marbre, figures de porcelaines, tabatieres, &c. Au Bureau d'Indication, rue saint-Honoré, Hôtel d'Aligre.

FERBLANTIERS.

Borrelly, rue saint-Honoré, vis-à-vis l'Hôtel de Noailles, renommé pour les petites lanternes à réverbere.

Lecomte, rue Galande, Ferblantier ordinaire des Menus Plaisirs du Roi, fait généralement tout ce qui concerne le fer-blanc dans les ouvrages les plus difficultueux, soit pour la vaisselle à contour, les feuillages, guirlandes & autres ouvrages de goût & d'ornement.

Manoury, au Palais, Ferblantier connu pour les petites lampes à réveil.

Messier, rue sainte-Marguerite, fauxbourg saint-Antoine, connu depuis long-temps par divers ouvrages de mécanique approuvés de l'Académie, annonce de nouveaux cierges & flambeaux à ressorts à l'usage des Eglises.

Correspondans.

Thillaie, à Rouen, Pompier du Roi, est inventeur des nouvelles Casetieres de forme très-agréables.

Objets relatifs.

Lampes économiques & à réverbere, du sieur Bourgeois, de Châteaublanc, qui lui ont mérité l'approbation de l'Académie Royale des Sciences : à Paris, au Magasin de l'Auteur, au Marché-Neuf, *prix de 6 à 12 liv.*

Lampes économiques d'Angleterre, en forme de bras de cheminée à doubles branches, dont les tubes sont d'une très-grande économie, & n'assujettissent point à pomper ni à moucher. *Prix 168 liv.* doré d'or moulu, & *96 liv.* en couleur : à Paris, chez Grandcher, au petit Dunkerque, Quai de Conti.

Petites Lampes de nuit, fort claires & à très-bon compte. On trouvera des boîtes de meches préparées pour ces lampes, pour toute une année, moyennant la modique somme de 30 sols, chez le sieur Perrin, rue Christine, maison du sieur Lacombe, Libraire.

Petits Réverberes portatifs qui s'attachent à la boutonniere : s'adresser au sieur Noleau, rue de Paradis, au Marais.

Nouvelles Meches de coton préparées pour les lampes économiques. Ces meches consomment moins d'huile, font plus de clarté, & durent davantage que les meches ordinaires : à Paris, chez le sieur Renaud, Fabricant, rue sainte-Croix en la Cité.

FONDEURS EN MÉTAUX.

Baillot, rue du Harlay, a trouvé l'art d'épurer le cuivre de telle maniere qu'il imite l'argent à s'y méprendre ; les flambeaux, porte-huilier & autres uftensiles de cuisine qui font fabriqués de ce métail, font de la meilleure forme, & du plus beau blanc ; & il ne resteroit rien à defirer, fi l'on pouvoit parvenir à l'épurer encore davantage fans le rendre plus cassant.

Bonière, rue du Cimetiere faint-Nicolas, un des plus habiles Fondeurs de cette Capitale, pour les morceaux délicats & précieux.

FONDEURS-CIZELEURS.

Caffery, rue Princeffe, fauxbourg faint-Germain, un des renommés pour les ornemens d'Eglife, a fait ceux du Maître-Autel de Notre-Dame & de plufieurs Cathédrales de Province. Il vient d'exécuter ceux qui ornent la Chapelle de l'École Royale Militaire, parmi lefquels on diftingue les chandeliers qui font d'une forme nouvelle, *mort*.

Charité, rue de Buffy, Cizeleur-Releveur renommé pour les ornemens & armoiries d'équipages, cafquets & plaques de gibernes.

Démeaux, (veuve) rue Simon-le-Franc, fait des contours à l'Angloife, plaques de gibernes, de Notaires, & tout ce qui concerne les armoiries & l'équipage.

Forty, Porte faint-Denis, au Grand Turc, un des plus habiles pour le deffein en composition & l'exécution en tous genres, de bronze, argenté, de tout ce qui concerne les pieces d'orfevrerie, tels que vaif-felle, plats, réchaux, porte-huilier, &c.

Gorlier, rue Contrefcarpe, faint-Antoine, eft un des plus habiles & des plus renommés pour l'exécution en cuivre doré & argenté, de tout ce qui concerne les pieces d'orfevrerie, tels que vaiffelles, plats, réchaux, porte-huilier, &c.

Mickel, au Bureau d'Indication. La perfection des ouvrages fortis des mains de cet habile Artifte, étant un sûr garant de l'utilité de fon tra-travail, lui a mérité du Roi le privilege de travailler en toutes fortes de métaux des ouvrages de mécanique, avec défenfes aux Jurés de la Communauté des Maîtres Fondeurs de le troubler, ni l'inquiéter.

Poulain, rue Montmartre, Fondeur & Mouleur du Roi.

Prieur, grande rue du fauxbourg faint-Denis, un des plus habiles Modeleurs & Fondeurs-Acheveurs de cette Capitale, de l'aveu même des Artiftes ; compofe lui-même fes deffeins, & exécute tous ceux qu'on lui fournit. Les feux, les pendules qu'il vient d'établir pour le Roi, Monfieur, Monfeigneur le Comte d'Artois, & les lampes qu'il a été chargé de faire pour la Cathédrale de Chartres, font regardés comme autant de chef-d'œuvres de l'art.

Woilez, rue faint-André-des-Arts, à côté de l'Hôtel de Hollande, un des plus habiles Cizeleurs-Releveurs, & des plus renommés, pour ce qui concerne les ornemens & les armoiries d'équipages, cafques & plaques des gibernes.

Objets relatifs.

Lettres-Patentes accordées aux fieurs *Vidal*, (pere & fils) *Defaulnay* & *Ferrand*, pour faire toutes fortes d'uftenfiles, d'un métal imitant l'argent, à l'exception des vafes propres aux alimens ou à la boisson.

Privileges & *Lettres-Patentes* accordées au fieur *Broillet*, pour la fabrication & ventes de creufets.

FONDEURS

FONDEURS DE CARACTERES.

Fournier, le jeune, rue des Postes, un des plus habiles Fondeurs, est inventeur de nouveaux caracteres qui donnent à l'impression de la Musique cette force & cette netteté que la seule gravure en taille douce avoit pu jusqu'ici lui donner, & qu'on n'avoit encore jamais pu obtenir en France, avec des caracteres fondus, ce qui en diminue considérablement le prix.

Gando, Cloître S. Julien-le-Pauvre, un des plus habiles Fondeurs, a trouvé l'art d'imprimer la Musique, par de nouveaux procédés, par le moyen desquels il ne doit se trouver aucun blanc ni dans les lignes ni entre les notes & les lignes. Cette méthode exige la plus scrupuleuse attention de la part de l'Imprimeur ; mais les expériences qui en ont été faites, prouvent qu'avec de l'attention, on peut, par les moyens que propose l'Auteur, éviter tous les inconvéniens. Cette nouvelle maniere d'opérer qui a paru digne de l'approbation de l'Académie, mérite que les plus habiles Artistes employent toutes les ressources de leur génie pour la porter à sa perfection.

Correspondans.

Le sieur *Forge*, Anglois, vient de présenter à l'Académie des Sciences & Beaux Arts de Londres, une nouvelle Machine pour imprimer la musique qui réunit les avantages de la gravure, sans exiger les mêmes frais.

Objets relatifs.

Nouvelle construction de Moules propres à fondre les caracteres d'Imprimerie, par le sieur Moucheret, ci-devant Maître Fondeur : les épreuves qui ont été faites sous les yeux des Commissaires nommés pour en faire l'examen, justifient, qu'au moyen de quelques changemens très-simples & très-peu dispendieux, les moules fondent dans un même espace de temps, un beaucoup plus grand nombre de caracteres : avantage qui diminue le prix des fontes de caracteres, sans diminuer le gain des ouvriers.

FOURBISSEURS.

Aubertelle, rue du Sépulcre, à l'Aigle d'or, Fourbisseur de la Compagnie des Indes, entreprend la fourniture des troupes, & fournit les Ambassadeurs, Princes & Seigneurs étrangers.

Lecour, rue Saint-Honoré, fournit la Marine, MONSIEUR, & fait des envois considérables chez l'Étranger.

Santerre, rue de Bucy, fauxbourg saint-Germain, tient magasin de jolies épées d'acier d'Angleterre poli trempé, dorées supérieurement & du plus beau violet.

FRIPPIERS.

Hunon, sous les Pilliers des Halles, pour meubles.

Marie, Cloître-saint-Jacques-l'Hôpital.

FUMISTES.

N...., rue Fumiste de l'Académie des Sciences.

Les sieurs *Modeny* & *Trabucky*, Fumistes, rue saint-Martin, près la rue Aumaire, Maison du Fayancier, ont l'art d'empêcher les cheminées & les poêles de fumer sans défigurer les appartemens, & n'exigent leur paiement que quand on est pleinement satisfait de leurs ouvrages ; ils se transportent aussi aux maisons de campagne où ils sont mandés.

Rosey, au vieux Louvre, au Pavillon Royal , Fumiste ordinaire du Roi, empêche les cheminées & les poëles de fumer, & évite tous les dangers du feu, par une nouvelle maniere de dissiper la fumée qui lui est propre.

Objets relatifs.

Moyen sûr & prompt d'éteindre le feu

qui auroit pris à une cheminée. Otez les tisons du foyer ; & gardez-vous de les éteindre avec de l'eau ; ramassez la braise directement, sous le canal de la cheminée, ou mettez-la dans un vase de terre ; jettez-y une bonne poignée de soufre, ou plus, si la cheminée est fort large, & continuez jusqu'à ce que le feu soit éteint, vous verrez que la vapeur du soufre l'étouffera.

GAZ

GAZIERS.

Benard, fils, rue Bourg-l'Abbé, tient fabrique de Gaze.

Brouilly, rue du fauxbourg saint-Denis, au Lion d'or, un des plus habiles Artistes, a été chargé de faire le couvrepied tissu & broché en or, de feu Madame la Dauphine , & la superbe robe de gaze de Madame la Duchesse de la Rochefoucault.

Delance, rue Quincampoix, tient une des plus fameuses fabriques d'étoffes de soie, telles que raz de saint-Cyr, droguets, &c.

Douay, rue saint-Denis, près la Fontaine du Ponceau, tient une des plus considérables fabriques de gaze.

Gaëien de Lance, rue des Fossés-saint-Germain, tient fabrique d'étoffes de soie, coronade & coutil de soie.

Poirier, rue Quincampoix, près le Bureau des Marchands , tient une fabrique de soie très-considérable , telle que raz de saint-Cyr, droguet, &c.

Poiderin, rue Aubry-Boucher, *idem*.

GÉO

Renouard , rue saint-Denis , vis-à-vis la rue Guérin-Boisseau , tient fabrique de gaze, & est un des plus habiles Artistes en ce genre pour les étoffes brochées sur dessin de nouvelle invention & du meilleur goût.

Rouen, rue saint-Denis, vis-à-vis saint-Chaumont, *idem*.

Santerre, rue saint-Denis, *idem*.

Vaillant , le jeune , rue des Deux Boules, tient fabrique d'étoffes de soie & or brochées.

GÉOGRAPHES ; (Ingénieurs.)

Danville , aux Galeries du Louvre, Premier Ingénieur-Géographe du Roi , a fait les superbes Cartes de l'Europe , de l'Asie , de l'Afrique & de l'Amérique , & donné trente-cinq mémoires insérés dans les volumes de l'Académie.

De Mornas , Géographe du Roi & des Enfans de France, rue saint-Jacques, à côté de saint-Ives, tient cours de Géographie, d'Astronomie & de Physique.

Guillaume, rue Princesse, Géographe de la Maison Royale.

Le Rouge, Quai saint-Bernard, lisez rue des Vieux-Augustins.

Robert de Vaugondy, Quai de l'Horloge, Ingénieur-Géographe du Roi, & de Sa Majesté Polonoise, Associé à l'Académie des Sciences & Belles-Lettres de Nancy, & Censeur Royal, est Auteur du superbe Atlas universel, en cent huit Cartes papier grand Chapelet.

Jaillot, Quai des Augustins, Ingénieur-Géographe du Roi, connu par la Carte si intéressante des Postes & Relais de France, & nombre d'autres Ouvrages très-intéressans & très-estimés.

Julien, Vieille rue du Temple, au coin de la rue de la Perle, Ingénieur-Géographe du Roi, connu par son Atlas Topographique & Militaire des États de la Couronne de Boheme & de la Saxe Electorale, avec leurs frontieres, tient un des plus fameux magasins pour la collection générale de Cartes, Plans de Villes, Sieges & Batailles, Globes, Spheres & Traités de Géographie historique & pratique.

Philippe de Pretot, rue de la Harpe, des Académies d'Angers & de Rouen, Censeur Royal & Professeur en Histoire, connu avantageusement par le succès de ses Cours publics, vient de mettre au jour la suite de la Cosmographie universelle, physique & astronomique.

Cet Atlas in-4°. qui peut servir de démonstration à nos Méthodes de Géographie les plus estimées, est actuellement composé de soixante-quatorze feuilles lavées & enluminées à la maniere des Ingénieurs; chaque Carte prise séparément, ne coûtera que vingt sols la piece.

GRAINETIERS.

Andrieux, Quai de la Mégisserie, au coin de l'Arche-Marion, tient un magasin de graines très-bien assorti, & vend la graine d'oiseaux, celle de Timothy, & de grande Pimprenelle.

GRAVEURS en Taille-douce.

Alliaume, rue des Mathurins, Graveur du Roi & de l'Imprimerie Royale, est connu par les deux Pendans, dont l'un représente le Paysan solliciteur, & l'autre le Procureur antique, d'après les Tableaux de M. Eysen, & par la jolie Estampe de la Bergere prévoyante, d'après le Tableau de M. Boucher.

André, rue saint-Jacques, maison de M. Denos, Libraire, Graveur de l'Observatoire.

Beauvarlet, Graveur du Roi, rue du Petit Bourbon, au coin de celle de Tournon, connu par le portrait de Mademoiselle Clairon, d'après le Tableau de M. Carle-Vanloo. Sa Majesté a donné la planche de cette superbe Estampe, à Mademoiselle Clairon. Il vient de graver la Beauté, & l'a rendue avec cette pureté de burin, ce beau fini, ces tailles légeres & brillantes, qui caractérisent tous ses ouvrages.

Benazeh, rue d'Enfer. Le Rocher & la Nappe d'eau qu'il a gravés avec autant de goût que de précision, annoncent le talent le plus décidé de l'Artiste dans ce genre.

Bertaut, (Mademoiselle) rue saint-Germain-l'Auxerrois, Carrefour des Trois-Maries, renommée par les superbes Estampes des Pêcheurs Italiens, & de la Pêche au clair de la Lune, la Barque mise à flot, & le Rocher percé, d'après les originaux de M. Vernet.

Bonnet, rue Galande, vis-à-vis la rue du Fouarre, connu par le portrait de Madame la Comtesse de Provence, Mars & Venus, le Jardinier Fleuriste, le bon logis le beau cocher, & nombre de morceaux également bien traités.

Bourgoin, rue de la Harpe, vis-à-vis le passage des Jacobins, un des plus renommés pour les lettres des Cartes & Plans de Géographie.

Brixeau, rue saint-Honoré, vis-à-vis l'Oratoire, est particuliérement renommé pour la gravure au crayon, dans le genre de laquelle il tient une superbe collection.

Cars, mort.

Cathelin, (le jeune) rue Guénegaud, connu par la galerie françoise, & par le portrait très-ressemblant de Monseigneur le -Prince de Condé, d'après le Tableau de M. le Noir, de M. d'Aligre, Premier Président, de M. Marmontel, sur les desseins de Messieurs Cochin, pere & fils, &c.

Chalmandier, rue saint-Jacques, près la Fontaine saint-Severin, connu par le portrait de M. de Montmorin, Evêque Duc de Langres.

Charpentier, connu par différentes planches gravées dans la maniere du lavis & du l stre dont il est l'inventeur.

Chevillet, rue des Maçons, connu par son Estampe de l'Amour maternel, d'après le Tableau original de Peters, & par les deux Estampes intitulées Leçons de Botanique, & l'image de la Beauté, &c.

Choffard, aux Quinze-Vingts, Graveur de l'Académie Royale, de Leurs Majestés Impériales & du Roi d'Espagne, un des plus habiles & des plus renommés pour les ornemens & les fleurs, a été chargé sous la direction de M. Cochin, de l'exécution de deux superbes morceaux de gravure des conquetes de l'Empereur de la Chine, d'après les desseins ori-

ginaux envoyés par l'Empereur même, sur papier grand Louvois.

Cochin fils, aux Galeries du Louvre, connu par l'Estampe représentant le tombeau du Maréchal de Saxe, exécuté en marbre par *M. Pigalle*.

Croizet, Quai des Augustins, un des plus habiles & des plus renommés pour les Plans de Cartes Géographiques.

Coulabier, rue saint-Barthelemi, au Globe céleste, Graveur-Géographe, connu par le Plan de Paris & de ses environs, en deux Médaillons entourés d'un joli cartel, présentés à Monsieur· le Lieutenant-Général de Police, ne grave pas moins habilement l'écriture & la musique.

Dandré Bardon, au Louvre, Professeur de l'Académie Royale de Peinture & de Sculpture, Directeur perpétuel de celle de Marseille, & Membre de l'Académie des Belles-Lettres, Sciences & Arts de la même Ville, est Auteur de l'importante collection du costume des anciens Peuples.

Delahayes, Place du Chevalier du Guet, Graveur des Cartes royales du célebre de Cassini.

Delaunay, rue de la Bucherie, au-dessous de la rue des Rats, Graveur du Portrait en médaillon de M. le Duc de Choiseul, & Auteur des deux Estampes, intitulées la Sentinelle en défaut, & l'Epouse indiscrette, sujets galans, dans lesquels l'Artiste a su conserver tout l'esprit, les graces & l'effet pittoresque de ces compositions ingénieuses.

De Marcenay, ci-devant rue d'Anjou, & maintenant rue du Four saint-Germain, connu par le Portrait du Prince Eugene, & par la superbe Collection des Hommes Illustres.

Demarteau, rue de la Pelleterie, à la Cloche, Graveur & Pensionnaire du Roi, connu par sa jolie Estampe de l'Amour avec les Graces, le Portrait de Rubens, célebre Peintre de l'Ecole Françoife, d'après le deffin de Wateau, & les principes du deffin dans le genre du payfage, d'après les deffins de M. le Prince, Peintre du Roi.

Duchefne, rue faint-Jacques, près la Fontaine faint-Severin, connu par l'Eftampe intitulée la jeune Ecoliere, d'après le tableau de Schenau, Peintre Saxon.

Duflos, rue Gallande, connu par les deux Eftampes en pendant, intitulées Vue des reftes du pont qui conduit à la maifon de Mécenas, & d'une Cafcade fur les bords du Tibre.

Duret, Graveur de Sa Majefté le Roi de Danemarck, rue du Fouarre, connu par la jolie Eftampe du Pâtre amoureux, d'après le tableau de Berghem, & les deux Eftampes intitulées le vieux Fou d'Italie, à la pêche au Fanal, d'après les tableaux de M. Vernet.

Bluin, rue faint-Jacques, vis-à-vis celle des Mathurins, connu par le portrait de François Mollé dans la Scene V du cinquieme Acte de Béverlet, & la fuite des portraits des meilleurs Acteurs des trois Théatres.

Flippart, Montagne fainte-Génevieve, chez le Marchand Orfevre, connu par les deux jolies Eftampes du Baifer napolitain & du Baifet rendu.

Foex, Graveur de la Régie des Cartes, à l'Hôtel de la Force.

Gaillard, rue faint-Jacques, au-deffus des Jacobins, connu par les deux Eftampes très-agréables intitulées les Sabots & la Fécondité, d'après les Tableaux de François Boucher.

Gaucher, rue faint-Jacques, aux Dames de la Vifitation, connu par le portrait du Roi, en grand Médaillon, & de MONSIEUR, d'après Vanloo ; celui du Maréchal Duc de Briffac, d'après le tableau de Pongin de Saint-Aubin, de M. Freron, de Montefquieu, &c. d'après les deffins de M. Cochin.

Gauthier, pere & fils, Auteurs des fuperbes Plans de gravure anatomiques, & de la collection de la Galerie univerfelle des grands Hommes contenans les portraits des perfonnes célebres actuellement vivantes, dans un genre de gravure qui leur eft particulier.

Godefroy, rue des Francs-Bourgeois, vis-à-vis celle de Vaugirard, connu par les jolies Eftampes en pendant, d'Annette à l'âge de quinze ans & d'Annette à l'âge de vingt ans, d'après les Tableaux originaux de M. Fragonard, Peintre du Roi.

Gor, Quai des Auguftins, du côté du Pont-Neuf, connu par les deux jolies Eftampes intitulées la Marchande de chanfons & la Marchande de plaifir.

Hallé, Cloître faint-Benoît, connu par fon Tableau repréfentant l'Adoration des Rois, vient de donner la fuperbe Eftampe du même fujet, dans laquelle les expreffions d'amour, de refpect & d'adoration, font parfaitement rendues dans les perfonnages qui font autour de la Crèche.

Humery, rue Caffette, connu par les deux Eftampes en pendant, intitulées la Marchande d'œufs & la Marchande de noifettes.

Ingouf, connu par la Gallerie Françoife à laquelle il a travaillé, & par le portrait de M. Wille, Graveur du Roi, de Leurs Majeftés Impériales & du Roi de Danemarck.

Ce Portrait, gravé avec foin, lui a mérité, à jufte titre, la place qu'il occupe dans le rang des Artiftes qui, par leurs talens, ont le plus contribué à accélérer les progrès de la gravure, & à la porter au plus haut degré de perfection.

Laurent, rue .... Graveur de l'Académie de Marfeille, connu par les deux Eftampes en pendant le paffage du Bacq & le repos du Berger, & par la jolie Eftampe du

Benedicite, d'après le tableau de M. Greuze.

Legouaz, rue des Noyers, connu par l'Eſtampe intitulée l'embarquement de la jeune Grecque, pour ſervir de pendant à celle qui a pour titre le choix du poiſſon, du même Auteur.

Lemire, rue & vis-à-vis ſaint-Étienne-des-Grès, des Académies de Vienne en Autriche, de Rouen, &c. eſt Auteur des ſuperbes Vignettes de la nouvelle édition du Temple de Gnide, en douze Planches dédiées à Sa Majeſté Britannique, & particuliérement connu par les portraits en médaillon de Louis XV, de l'Empereur & du Roi de Pruſſe, le dernier ſur un deſſein communiqué par un Amateur de Berlin; chacun de ces portraits peut être regardé comme un chef-d'œuvre de l'Art.

Lempereur, rue ſaint-Jacques, au deſſus du Petit-Marché, connu par la charmante Eſtampe du Feſtin Eſpagnol, pour ſervir de pendant au Jardin d'Amour, gravé par le même Auteur.

Le Prince, Peintre du Roi, Auteur des nouvelles Eſtampes dans la maniere du lavis & du biſtre.

Leullier, rue Grenelle-ſaint-Honoré, au Roi de Danemarck, connu par l'Eſtampe de la Bacchante endormie, d'après F. Boucher.

Levaſſeur, rue des Mathurins, vis-à-vis celle des Maçons, Graveur du Roi, Auteur de la belle Eſtampe intitulée la confiance d'Alexandre en ſon Médecin; les plaiſirs de l'enlevement de Proſerpine, & la Galerie françoiſe à laquelle il a travaillé ſous la direction de MM. Retout & Cochin.

Lévesque, rue ſaint-Dominique, au coin de la rue d'Enfer, connu par les deux Eſtampes en pendant de la Douleur & de la Gaieté, la premiere d'après le Brun, & la ſeconde d'après Carle-Vanloo, le portrait de M. le Duc de la Vrilliere, & la Galerie des grands Hommes.

Lingée, rue . . . . . connu par le portrait de Mademoiſelle Raucour, Actrice de la Comédie Françoiſe.

Luce, Graveur de l'Imprimerie Royale, connu par la ſupériorité de ſes talens, vient de préſenter des culs-de-lampes, vignettes & cartouches en pieces de rapport, qui lui ont mérité les plus grands éloges & l'approbation de l'Académie Royale des Sciences.

Marchand, rue Grénier-ſaint-Lazare, connu par ſes deux Eſtampes en pendant, intitulées les Baiſers.

Maſſard, rue Sainte-Hiacinthe, connu par la jolie Eſtampe de la Cruche caſſée, d'après le tableau de M. Greuſe, Peintre du Roi, & le Lever, d'après le tableau de M. Beaudoin.

Maugrin, (Madame) rue des Francs-Bourgeois, porte ſaint-Michel, connue par ſon Eſtampe des Femmes laborieuſes, d'après le tableau original de Salvator Roſe.

Moreau, rue Poupée, connu par la jolie Eſtampe, intitulée le Pouvoir de l'Amour, d'après l'eſquiſſe de feu Deshayes, Peintre du Roi.

Pariſeau, rue des Foſſés Monſieur le Prince, au Riche Laboureur, Deſſinateur & Graveur, eſt Auteur de différentes compoſitions qui repréſentent quelques morceaux d'Hiſtoires & différens ſacrifices.

Parporati, rue Penſionnaire de Sa Majeſté le Roi de Sardaigne, de l'Académie Royale de Peinture, Sculpture & gravure, a gravé pour ſa réception, la magnifique Eſtampe de Suſanne au Bain, d'après le tableau de Santerre, & vient de donner la jolie Eſtampe repréſentant une jeune fille qui joue avec un chien, d'après le tableau de M. Greuze, qui a fait au Salon, l'admiration & les délices des Connoiſſeurs.

Petit, rue de la Huchette , un des plus renommés pour la gravure en Lettres.

F. Royer le jeune, rue connu par les deux jolies Estampes intitulées le Vieillard surveillant , d'après le tableau de Raoux , & l'Instant favorable de la composition de M. de Frendebeig.

Rousselet, (Mademoiselle) rue Saint-Pierre-aux-Bœufs , connue par les deux Estampes en pendans , intitulées le Jour & la Nuit , d'après les desseins de M. de Seve.

Saint-Aubin, (de) Graveur du Roi, rue des Mathurins , au petit Hôtel de Clugny, connu par le Portrait du célèbre Piron , d'après le dessin de M. Cochin, & par la magnifique Estampe allégorique dédiée à MONSIEUR & MADAME.

Sauan, Barriere de Fontarabie, connu par les Portraits de Racine & celui de Louis le Grand, qu'il a gravés avec beaucoup de goût ,d'après le Tableau de Rigault.

Sullin, rue de l'Oseille au Marais , Graveur connu par l'Estampe allégorique dédiée & présentée à Sa Majesté.

Tilliard , Quai des Grands Augustins , connu par la Galerie Françoise, les belles gravures du Missel à l'usage du Diocèse de Reims , & les Aventures de Télémaque , en soixante-douze Estampes, toutes exécutées avec beaucoup d'art ,de soin, & de goût.

Vallet , rue des Grands Dégrés , près celle des Bernardins , connu par l'exécution de l'Atlas de M. Boudet , sous la direction du célèbre Robert de Vaugondy.

Wille , Quai des Augustins , Graveur du Roi , de Sa Majesté Impériale & du Roi de Danemark , connu par l'Estampe des Bons Amis, d'après un Tableau d'Adrien Ostade; le Portrait de M. de Berryer, ancien Lieutenant-Général de Police,

& Ministre d'État , & par les deux jolies Estampes de la Maîtresse d'École & de l'Écoliere, dont on admire, le fini , le précieux & le brillant de l'Auteur qui sait si artistement varier les tailles & les effets de son burin.

Objets relatifs.

L'Art de graver au Pinceau, méthode plus prompte qu'aucune de celle qui sont en usage, & qu'on peut exécuter facilement sans avoir l'habitude du burin ni de la pointe ; à Paris, chez Aumont, Libraire, Place des Quatre Nations.

Collections des plus considérables Portraits & autres Estampes précieuses, chez Goulain, Quai de la Ferraille, près le Fort-l'Evêque

Collection d'Estampes , notamment pour la partie d'ornemens , à l'usage des Arts, chez le sieur *Chevault*, fils, rue saint-Jacques, aux deux Pilules d'or.

Considérable Magasin de gravure , chez *Goussier*, rue saint-Jacques, ancien Professeur de Mathématiques de l'Académie d'Architecture , un des plus habiles & des plus grands connoisseurs en tous genres.

Fameux Magasin d'Estampes étrangeres , & notamment une superbe Collection d'après les Tableaux de Monseigneur le Duc de Choiseul, chez *Bazan*, rue & Hôtel Serpente.

Fameux Magasin de gravures modernes, chez *Baldet*, rue de Gesvres.

GRAVEURS en Métaux.

Alain ,rue des Marmouzets , renommé pour le cachet & bagues à chiffres.

Delaporte, Quai de l'Horloge, *lisez* Quai Pelletier.

De Montbaza, rue de la Poterie ; vend de nouveaux cachets propres à être employés au renouvellement de l'année , & dans les jours de fête & de cérémonie.

Dix, Quai des Augustins, pour le cachet & médailles.

Oudran, rue saint-Jacques, lisez rue du Petit Bourbon.

Duvivier, aux Galeries du Louvre, Graveur de la Monnoie, un des plus habiles Artistes pour les médailles & les quarrets de jettons.

Fontaine, rue de la Vieille Draperie, un des plus habiles Dessinateurs & Graveurs pour les Bijoux.

Le Lorrain, Cour du Palais, Graveur ordinaire du Roi, & des Fermes Générales, un des plus habiles & des plus célébres de cette Capitale, pour le cachet.

Malidor, rue du Sépulchre, renommé pour les morceaux de relief en or & argent.

Mayer, Place Dauphine, renommé pour les bagues à chiffre & aiguilles de montre.

Nicol, Cloître saint-Nicolas du Louvre, Graveur de S. A. S. Monseigneur le Duc d'Orleans, & du Garde-meuble, de la Couronne, pour le cachet & la vaisselle.

Philippe, Quai des Morfondus, un des plus habiles & des plus renommés pour la gravure des cachets en pierres fines.

Servant, Cour du Mai du Palais, habile Graveur en cachet, grave sur tous métaux & pierres fines, & fait tout ce qui dépend de son Art, tant en creux qu'en relief.

Storet au Louvre, un des plus habiles Graveurs de cette Capitale, vient d'exécuter le chiffre de Monseigneur le Comte & de Madame la Comtesse d'Artois , qui est regardé par les Connoisseurs comme un chef-d'œuvre de l'Art.

Vaffe, Place de l'Ecole , un des plus habiles pour les armoiries , cartels & plans de Bibliothéques.

Objets relatifs.

Collection considérable de pierres de composition de différentes couleurs qui imitent les pierres fines, & divers sujets gravés d'après les pierres antiques ; le prix de ces pierres est depuis vingt sols jusqu'à six livres, chez Mademoiselle *Feloix*, Place de l'Ecole , chez le Parfumeur.

M. Philippe, rue de l'Hirondelle , a perfectionné les agathes herborisées de sa composition ; il en a de plusieurs nuances , & en fait de toutes grandeurs.

GRAVEURS en Bois.

Rande, Place Cambrai , à la Plume d'or, digne Eleve du célébre Papillon, grave supérieurement toutes sortes de vignettes & armoiries.

Voyez les Tablettes Royales de Renommée des Artistes célébres.

Nota. Nous invitons les personnes dont les noms seroient mal ortographiés , qui ont intérêt de faire connoître quelques habiles Artistes omis ou mal indiqués sur cet Ouvrage, de vouloir bien en donner avis pour le prochain *TRIMESTRE*, au Bureau de l'Auteur, rue Saint-Honoré, Hôtel d'Aligre.

HER

HERBORISTES.

Favier, Botaniste, Suisse, rue Baillette, tient assortiment considérable de plantes balsamiques de Suisse, propres à la guérison de plusieurs sortes de maladies.

Gillot, (Edme) rue de l'Arbre-Sec, au coin de celle Baillette, distribue à un prix modique, la plante que les Botanistes nomment *Thlarpi* Champêtre, qui délivre absolument & sans retour de l'incommodité des Punaises.

Objets relatifs.

Nouveau Magasin considérable de plantes Suisses & herbes Médecinales, rue des Fossés-saint-Germain-l'Auxerois, près la rue de l'Arbre-Sec.

HISTOIRE NATURELLE, (Professeurs d')

Adanson de l'Académie Royale des Sciences, rue Neuve des Petits-Champs, tient Cours complet d'Histoire Naturelle, générale & particuliere sur les trois regnes.

Bacquet, Docteur-Régent de la Faculté de Médecine de Paris, rue des Fossés S. Jacques, à l'Estrapade, tient des Cours d'Histoire Naturelle & de Chymie.

Gersain, rue Notre-Dame des Victoires, connu par plusieurs Catalogues raisonnés sur les coquillages, les plantes, les insectes, &c.

Goulasse, (le Baron de) Amateur, rue Neuve Saint-Estienne, tient un Cabinet d'oiseaux, de coquillages, d'insectes & minéraux rares & précieux.

HOR

Valmont de Beaumart, rue de la Verrerie, Directeur des Cabinets d'Histoire Naturelle & de Physique de S. A. S. Monseigneur le Prince de Condé.

Objets relatifs.

Mémoire sur la possibilité de la pétrification du bois, par M. *Closier*, Chirurgien du Roi, & Correspondant de l'Académie.

HORLOGERS.

Arsandeaux, Quai des Ormes, un des plus habiles Horlogers de cette Capitale, de l'aveu des gens de l'Art, est connu par différentes pieces ingénieuses de Physique & de Méchanique qui lui ont mérité l'approbation de l'Académie, & notamment par une montre qui a été soumise au dernier concours, pour trouver en mer la longitude avec la plus grande précision; cette montre est suspendue de la maniere la plus ingénieuse pour arrêter l'effet du mouvement du vaisseau, en tout sens, & l'on ne peut assez donner d'éloge au nouveau Méchanisme qu'il vient d'imaginer pour suppléer aux effets du chaud & du froid.

La Devise de cette Pendule, est,

Temporis atque viæ mensura probabitur usu.

Arthur, Horloger, Quai de Conti, un des plus habiles Artistes de cette Capitale, vient de présenter à l'Académie, une Machine aussi simple qu'ingénieuse, pour empêcher qu'un cheval de limon de grosse voiture puisse être blessé dans sa chûte.

Barbier, le jeune, Pont-Marie, un des plus habiles Artistes, est particuliérement renommé pour les Pendules à carillon, dont la nouvelle construction, infiniment plus juste & plus agréable, lui a mérité l'approbation de l'Académie Royale des Sciences.

Bieflat, rue de la Vieille-Bouclerie, a présenté à l'Académie, une Pendule à équation, marquant les secondes, les minutes & les heures du temps moyen, avec les heures & les minutes du temps vrai, par quatre Aiguilles concentriques qui, avec moins de pieces qu'on en a employées jusqu'ici, produit les mêmes effets.

Une Pendule suspendue de maniere qu'elle peut toujours aller, quoiqu'on l'incline assez considérablement. Cette construction, pour faire qu'une Pendule se trouve toujours en échappement, malgré les diverses positions de la cage, a paru neuve & ingénieuse, & lui a mérité l'approbation de l'Académie.

Nouvelle construction de montres dans laquelle tout ce qui appartient à l'échappement peut s'enlever sans démonter le reste de la montre, & qui peut s'adapter à toutes les montres déja faites, & en faciliter les réparations, notamment dans les montres à répétition, *par le même*.

Nouveau Cadren, ou *Equation mobile*. Cette maniere de donner l'équation qu'on n'avoit pu obtenir jusqu'ici, que par des calculs astronomiques, & de la rendre sensible aux yeux, a parü neuve, ingénieuse, & digne de l'approbation de l'Académie.

Boucher, rue Grenier Saint-Lazare, Artiste renommé.

Clément, le jeune, rue Saint-Denis, près la Trinité, Artiste renommé.

Deluneri, rue de l'Arbre-Sec, renommé pour les répétitions.

Caron, fils, rue

est auteur d'un nouvel échappement à repos, & regardé comme un des plus parfaits qui ait été exécuté jusqu'ici.

Chauvet, rue Saint-Denis, vis-à-vis celle de Lyon, renommé pour la Pendule.

Christin, célebre Artiste, à qui l'on doit l'invention d'un nouvel échappement de montre à ancre, qui rend la pulsion plus puissante, pour faire reculer le balancier ; il n'est pas sujet au renversement, & est très-commode dans l'exécution des montres à secondes.

Coderelle, rue de Busti, a exécuté pendant vingt ans, les montres à cylindre de feu M. Baillon, Horloger de la Reine. Une marque de confiance aussi intime de la part d'un Artiste connu, doit lui mériter à juste titre celle du Public.

Coupson, célebre Artiste, à qui on doit l'invention d'une montre qui n'a ni barillet ni fusée, & dont le mouvement lui est communiqué par un ressort droit qu'on met en action, en l'enfonçant avec un poussoir semblable à celui d'une répétition. Cette construction neuve & ingénieuse qui pourroit trouver des circonstances où elle seroit avantageusement appliquée, a paru digne de l'approbation de l'Académie.

Courtois, habile & célebre Artiste, a trouvé le moyen ingénieux de faire changer le carillon d'un Horloge, à chaque heure, par l'Horloge même, ce qui lui a mérité l'approbation de l'Académie.

De la Chaussée, fils, rue Galande, Horloger-Méchanicien, connu par les Horloges horizontales de la Cathédrale de Paris & de l'Abbaye Saint-Victor, est particuliérement renommé pour l'exécution des spheres mouvantes & autres pieces de Méchanique & de Physique expérimentale.

De Ville-Neuve, rue de l'Arbre-Sec, Horloger de M. le Prince de Nassau.

Digue, Enclos du Temple, Horloger de son Altesse Sérénissime Monseigneur le Prince de Conti.

Cet Artiste, dont la main-d'œuvre ne le cede point à l'imagination la plus seconde pour toute sorte de boîtes & autres bijoux à secrets, indépendamment des pieces précieuses qu'il a exécutées dans son état, vient d'établir des fusils à vent, dont le méchanisme pompe l'air avec bien plus de facilité, & en contient une telle quantité qu'on peut tirer plus de soixante coups de suite dont plus de vingt-cinq à quatre-vingt pas, sans être obligé de le recharger.

Divernois, rue Dauphine, un des plus habiles Artistes & des plus renommés pour la montre de petit calibre, en a exécuté une à répétition qui a été montée en bague.

Dutertre, Quai des Orfevres, Artiste très-renommé.

Dutertre, Quai de l'École, *idem*.

Edeline, rue du Harlay, Artiste plein de génie, & d'un mérite distingué.

Farine, Cour Abbatiale de l'Abbaye Saint-Germain, un des plus habiles Artistes & des plus renommés pour les montres de petit calibre, vient d'en exécuter une à répétition qui a été montée en bague.

Ferdinand Berthoud, Place Dauphine, célebre Artiste, a présenté à l'Académie une montre & une pendule. La montre marque les secondes par le centre, les heures & les minutes du temps vrai & moyen, les mois de l'année & leur quantieme. Le mouvement annuel est absolument indépendant du mouvement de la montre. La pendule marque précisément les mêmes choses, & va pendant treize mois, sans être remontée ; le moyen de faire passer le 28 de Février, par l'échappement de deux dents de la roue annuelle, & une seulement dans l'année bissextile, est ingénieux ; mais ce qui le paroît encore davantage, est l'idée toute nouvelle de partager le poids en deux moitiés, dont l'une ne commence à agir sur la fusée que lorsque l'autre est absolument au bas de sa chûte, ce qui procure à cette pendule le moyen d'aller plus d'un an, sans être remontée, quoique par sa situation, elle ne dût pas aller plus de six mois ; moyen dont on peut tirer avantage dans bien des circonstances, & qui lui a mérité les plus grands éloges & l'approbation de l'Académie.

Nouvelle Pendule à équation ; *par le même*. La construction de cette Pendule est très-ingénieuse, & plus simple qu'aucune de celles qui ont été proposées jusqu'ici pour procurer les mêmes effets.

Feron, rue Dauphine, vient de présenter une montre de sa composition sans roue ni pignon qui marque tous les mois de l'année, & le quantieme, sans être obligé d'y toucher dans aucun mois, ni même dans les années bissextiles. Les moyens employés par le sieur Feron, ont été trouvés très-ingénieux, absolument nouveaux & parfaitement exécutés, & lui ont mérité l'approbation de l'Académie Royale des Sciences.

Fel, aux Quinze-Vingts, Horloger du Roi de Pologne & de l'Electeur de Saxe, un des plus célebres & des plus habiles Artistes de cette Capitale, pour la main-d'œuvre, est particuliérement connu pour les montres qui vont huit jours sans être remontées.

Goret, vis-à-vis l'Opéra, un des plus habiles Finisseurs.

Hilgert, à l'Abbaye Saint-Germain, un des plus habiles Finisseurs.

Hurl, rue du Petit-Lion, F. S. G. *id.*

Le Maturier, rue Traversiere-S. Honoré, est auteur de nouvelles Pendules à secondes & à sonnerie, auxquelles il a fait des augmentations & changemens qui ne contribuent qu'à les rendre plus simples & plus justes.

Lenoir, Quai des Orfevres, renommé.

Leroi, Horloger du Roi, rue faint-Louis, a préfenté à l'Académie, une nouvelle montre à répétition dans laquelle il fupprime la piece des quarts, les deux échappemens, les deux refforts qui la font mouvoir; le petit marteau pour faire fonner les doubles coups des quarts, & le doigt, fans rien diminuer des mêmes effets.

On fent affez combien la diminution de tant de pieces, doit être avantageufe pour prouver s'il en étoit befoin, le goût & le génie de l'Auteur, pour la perfection de fon art.

Nouvelle conftruction d'une Pendule, par *le Roi*, fils, de l'Acad. Royale d'Angers. Cette Pendule n'eft compofée que de deux roues, une pour le mouvement, & l'autre pour la fonnerie, fi on y ajoute d'un côté le rateau qui forme l'échappement, & de l'autre la détente & les levées des marteaux, on aura tout ce qui eft contenu dans la cage; cette pendule qui à paru également fimple & ingénieufe, eft capable de faire honneur aux talens & à la capacité de fon Auteur, & lui a mérité l'approbation de l'Académie.

Montre nouvelle dont une aiguille marque les fecondes, fur la platine du coq, ce qui fimplifie beaucoup la piece, & lui a mérité l'approbation de l'Académie, *par le même*.

Nouvelle Pendule conftruite fur le plan de celle dans laquelle il a trouvé le moyen de réduire le mouvement & toute la fonnerie, chacun à une feule roue. Cet Artifte fe fert du plomb contenu dans un réfervoir au deffus de la boîte, pour lui communiquer le mouvement, & donner à ces nouvelles Pendules la plus grande juftefse, *par le même*.

Le Roi, (Charles) rue faint-Denis, un des plus habiles Artiftes de cette Capitale.

Magito, rue faint-Dominique, Horloger en gros, a fait le tournebroche de S. A. S. Monfeigneur le Duc d'Orleans, qui eft regardé comme un chef-d'œuvre en ce genre.

Magny, rue de Seine, fauxbourg faint-Germain, un des plus habiles Ingénieurs-Méchaniciens pour les inftrumens d'Horlogerie, de Phyfique, d'Optique, de Méchanique & de Mathématique, eft connu par plufieurs pieces de fon invention, qui lui ont mérité l'approbation de l'Académie.

Mangeant, rue du Pourtour faint-Gervais, a fait deux Méridiens fphériques, dont le premier a été adreffé au Roi de Pruffe, qui annonce par un coup de canon le paffage du Soleil, & fert de régle fixe à toutes les horloges, montres & pendules de la Ville: il feroit à défirer qu'il y en eût de pareils en cette Capitale, pour y fixer les horloges de chaque quartier qui rarement s'accordent.

Maniere, rue du Four Saint-Honoré, Artifte renommé.

Millot, Penfionné du Roi, rue du Bacq. Cet habile Artifte eft auteur d'une nouvelle Pendule à demi-fecondes, qui fonne les heures, les demies, marque l'année, le mois, le nombre de jours que contient le mois, les jours de la femaine, le quantieme du mois, celui de la lune, la lettre dominicale, l'épacte, le nombre d'or, le cycle folaire, les phafes de la lune, le lever & le coucher du foleil pour Paris, pendant l'efpace de 9999 années, temps auquel l'horloge ne fubfiftera certainement plus depuis long-temps.

Tous ces effets, dont plufieurs font ou nouveaux ou exécutés d'une façon nouvelle, prouvent dans l'Auteur une grande intelligence, & beaucoup de fagacité.

Quoique cette Pendule ne foit qu'à demi-fecondes, l'aiguille marque néanmoins les fecondes en un feul temps, comme les Pendules à fecondes, & cet avantage eft dû à la conftruction de l'échappement qui eft fimple, ingénieux & n'a befoin que de très-peu de force; il n'occafionne qu'un très-petit frottement, & n'a ni trop, ni trop peu de-chûte, & l'Académie a cru que fon application aux Pendules de cette efpece ne pourroit qu'être très-utile.

Pendule aftronomique, qui indique tous les mouvemens céleftes diurnes & nocturnes, préfentée au Roi, & placée à la Muette en 1752, *par le même*, qui eft auffi inventeur d'un échappement qui bat les fecondes au centre d'un feul tems avec une pendule de neuf pouces, fans aucun rapport. On a de lui auffi plufieurs montres à répétition qui marquent les quantiemes du mois, les jours de la femaine, & font toutes les fonctions d'une montre ordinaire, avec 80 pieces de moins, ce qui lui a mérité les éloges & l'approbation de l'Académie Royale des Sciences, d'après le rapport de Meffieurs de la Lande & de Parcieux.

Muffon, rue S. Méri, Artifte renommé.

Nioux, rue de Seine, fauxb. S. Germ. eft Auteur d'une Pendule de nouvelle conftruction, dans laquelle les fecondes font marquées d'une en une, fans aucun recul ni balancement dans l'aiguille.

Pepin, rue de la Coutellerie, un des plus habiles Artiftes pour les groffes Horloges, a exécutée celle de faint-Sauveur & du Séminaire faint-Sulpice, qui font regardées par les Artiftes mêmes, comme des chefs-d'œuvre en ce genre.

Petite, rue faint-Benoît, vis-à-vis l'Abbaye faint-Germain, habile Finiffeur.

Quinette, cet habile & célebre Artifte eft Auteur d'une nouvelle Pendule pour remédier aux inégalités des pendules caufés par le froid & le chaud, au moyen d'une verge ou pendule de correction, égale au premier qui agiffant en fens contraire, corrige les inégalités de la même maniere qu'elles font produites.

Ragot, Cour du Temple, habile Artifte, pour la main-d'œuvre, eft inventeur de plufieurs outils qui le mettent en état d'exécuter dans la plus grande perfection, les montres à quatre parties, & pendules à fecondes, à fonnerie, à répétition, qui marquent le temps vrai & le temps moyen, les mois, les jours & quantieme perpétuel, dont toutes les révolutions fe font d'elles-mêmes, & auxquelles on peut ajouter avec facilité des jeux de flute ou carillons.

Cet Artifte entreprend toutes fortes de pieces méchaniques, & les exécute avec autant de précifion que d'intelligence.

Ridereau, un des plus célebres Artiftes, a préfenté à l'Académie, une Pendule qui fonne les heures & les quarts, & qui eft à répétition, le tout avec un rouage de fonnerie. Cet habile Artifte y fupprime par la conftruction près de deux tiers des pieces qui font enfermées dans la quadrature des répétitions ordinaires, & celles qu'il conferve font beaucoup plus fimples & moins difficiles à exécuter. Enfin il réfulte de la diminution des pieces, de leur fimplicité, que cet Artifte peut fournir de ces Pendules, à un quart de plus de valeur feulement qu'une pendule fimple & ordinaire, & que celle-ci paroiffent devoir mériter la préférence tant par la fimplicité que par la fûreté des effets. On peut d'ailleurs en faire rétrograder les aiguilles fans la faire mécompter, ce qui ne fe peut dans les pendules à fonnerie ordinaire, & l'empêcher de fonner fans lui ôter la faculté de répéter: ce qui lui a mérité les éloges & l'approbation de l'Académie.

Nouvelle Quadrature de sonnerie, par *le même*, qui corrige les inconvéniens des détentes à fouet, des détentes à reffort, & particuliérement de celles qu'on emploie dans les pendules où il n'y a qu'un rouage pour les trois sonneries, que l'on dérange infailliblement, lorsque l'on tire la répétition au moment où le pied de biche commence à lever, ce qui lui a mérité l'approbation de l'Académie.

Roizin, rue de Charonne, fauxbourg Saint-Antoine, Horloger en gros, est Auteur des Tournebroches de l'École Royale Militaire, des Invalides & de l'Hôpital, qui se meuvent par très-peu de forces, & tournent plus de 400 pesant.

Roque, passage du Saumon, digne Eleve des sieurs *Magni & Passeman*, Ingénieurs du Roi, a exécuté les superbes Globes mouvans du Cabinet de Sa Majesté, au Château de de la Muette ; les Spheres qui ont été envoyées à Constantinople & en Russie, & nombre d'autres pieces ingénieuses d'horlogerie destinées pour la Cour.

Stollenwerck, fils, rue Neuve Saint-Méri, vis-à-vis le Cul-de-Sac du Bœuf, fait des pendules simples & à équation, auxquelles il adapte des carillons qui répétent à chaque heure les airs que l'on s'est choisi.

Rosembach, cet Artiste a trouvé l'art de retrancher dix-huit pieces dans les montres à répétition, à trois parties ; ce qui rendant nécessairement la Machine plus simple, & les effets plus sûrs, lui a mérité l'approbation de l'Académie.

Vaucket, rue Saint-Pierre-aux-Bœufs, un des plus habiles & des plus renommés pour les montres en bagues, vient d'en exécuter avec un échappement extraordinaire, au moyen duquel on obtient une précision exacte.

Verdier, rue Sainte-Anne, près le Palais, tient assortimens de montres précieuses.

Verneaux, rue de la Comédie Françoise, Artiste renommé.

Correspondans.

Bourceret, à Montpellier, déja connu par plusieurs inventions utiles, vient d'imaginer des nouvelles horloges qui ont l'avantage de ne point faire de bruit, & que l'on peut placer facilement dans toutes sortes de lieux.

Brachet à Versailles, a présenté un instrument pour tailler les limes, dont les excellens effets lui ont mérité l'approbation de l'Académie, que nombre d'attestations & de certificats de Marchands & d'Ouvriers justifient chaque jour.

Charry, à Lyon. Cet Artiste a diminué le nombre des roues dans les pendules à secondes, en plaçant les trois aiguilles au centre, de façon que celle des secondes conduise les deux autres au centre du cadran, au lieu de marquer les secondes sur un timbre par un mouvement alternatif. La construction de cette piece ingénieuse, mais d'une exécution plus difficile que celle des pendules ordinaires, ne sert qu'à prouver davantage le talent & le génie de son Auteur.

Herbault, Horloger à Bordeaux, est parvenu à réduire à trente livres les poids qui devoient être de neuf cens livres ; il prolonge la durée de la marche ; rend les vibrations de balancier courtes & lentes tout-à-la fois, & le mouvement de l'horloge deux & aisé, d'où il résulte plus de durée dans tout l'ouvrage.

Il dispose aussi les marteaux d'une maniere qui rend le coup plus sec & le son plus net.

Judin, Horloger, à Saint-Germain-en-Laie. Cet habile Artiste est inventeur d'une montre à deux balanciers, à laquelle il a joint une rencontre qui

la fait aller pendant qu'on la remonte, & n'a rien laissé à desirer
du côté de l'exécution.

Solinger, (Jacob) à Vienne, est Auteur d'une Horloge dont le mouvement met en jeu vingt figures d'hommes & d'animaux, & leur fait re-
présenter avec des gestes assez libres
& expressifs, une espece de Panto-
mime en cinq Actes : l'Horloge ca-
rillonne à la fin de chaque Acte, &
les figures exécutent alors une danse
avec justesse & mesure. Cet ouvrage
peut être mis au nombre des chefs-
d'œuvre de l'Horlogerie.

Objets relatifs.

Boulé, rue Dauphine, Émailleur renommé pour les cadrans de pendules.

Martiniere, rue des Cinq Diamans,
Pensionaire du Roi, & un des plus
habiles & des plus renommés pour
les cadrans d'émail.

Thil, Place Dauphine, un des plus
célebres Émailleurs pour les cadrans
de montre.

Moyens de rémédier aux principaux
défauts des montres plates & demi-
plates, & de les rendre moins im-
parfaites qu'elles sont ordinaire-
ment. par M. Pierre Leroi.

Nouveaux Cadrans de carton, du sieur
Julien, Peintre en émail, qui imitent
très-bien les cadrans d'émail, & sont
beaucoup moins chers.

Nouveaux Cadrans de verre émaillés
du sieur Dupont, pour les Pendules, hygrometres, barometres, &c.

Nouvelle construction de Pendules à
poids, dont le poids se remonte de
lui-même par le secours de l'air :
cette invention ingénieuse peut être
utile à ceux qui craignent d'oublier
de remonter leurs pendules, ou qui
voudront s'en épargner le soin.

Nouvelle Pendule du sieur Castel, ou
Sphere mouvante dont le diamétre
est d'environ dix-huit pouces.

Cette sphere représente à chaque

distance, la véritable situation du ciel
& les mouvemens des planettes autour du soleil ; leur configuration,
station & rétrogradation, relativement à la terre.

La lune qui tourne autour du soleil, acheve la révolution dans le
nombre de jours, d'heures, de minutes & de secondes précises.

Les éclipses du soleil & de la lune
y sont indiquées, de même que leur
lieux, leur grandeur & leur durée.

On peut, par le moyen d'une manivelle, accélérer les mouvemens
& dans l'espace d'un quart-d'heure,
faire passer sous les yeux des siecles inombrables, soit en rétrogra-
dant à l'infini, soit en avançant dans
les siecles futurs.

Enfin, l'Académie des Sciences
a été si satisfaite de ce chef-d'œuvre,
que d'après le rapport de MM. Le
Monier, & Leroi, elle a cru devoir
le nommer le vrai système du Monde, & a reconnu par son certificat
du 5 Août 1766, que cette Sphere
est une des plus simples & des mieux
exécutées pour la forme, l'ordon-
nance & la distribution ; & que les
calculs en sont si justes & si précis
qu'ils ne different pas du ciel d'un
degré en 1000 ans.

HOTELS GARNIS.

Asturies, (Hôtel des) rue du Sépulchre : le sieur Benety y tient des
Appartemens depuis 5 livres, par
jour jusqu'à vingt-cinq louis, par
mois, & donne des bains de santé
& de propreté, depuis 4 livres jusqu'à 12 liv.

Bery, (Grand Hôtel de) le sieur Honoré y tient differens appartemens,
avec remises, écuries & jardin.

Bourbon, (Hôtel de) rue Jacob. Le
sieur Galand y tient des appartemens depuis 3 livres par jour, jusqu'à 25 louis par mois, & y donne
des bains de santé & de propreté,

depuis 4 livres jusqu'à 12 livres.

Bourbon, (Hôtel de) rue de l'Arbre-Sec. Le sieur de la *Noue*, y tient divers appartemens à prix modique.

Brunat, rue des Boucheries-saint-Germain, donne à manger à vingt-six sols par repas, la soupe, le bouilli, une entrée & le dessert. Il est peu d'Hôtels où il y ait un aussi beau Salon, & où l'on soit servi plus décemment.

Letroteur, rue des Boucheries, fauxbourg saint-Germain, donne à manger à vingt-six sols par repas, la soupe, le bouilli, une entrée, pain, vin & dessert. Il est peu d'Hôtels en cette Capitale, où il y ait chaque jour, une aussi grande affluence de personnes.

Hôtel des Colonies, rue des Prouvaires, appartement de Maîtres depuis 30 liv. jusqu'à 300 liv. par mois.

Dannemarck, (Hôtel de) rue Jacob; le sieur *Blondel* y tient au premier un appartement où peuvent être logés huit Maîtres commodément ensemble ou séparément; prix depuis 36 liv. jusqu'à 480 liv. par mois, avec écuries, remise & jardin, &c.

Gaillardbois, (Hôtel du) rue saint-Germain-l'Auxerrois. Il loge communément en cet Hôtel, beaucoup d'Etrangers de la haute & basse Normandie.

Nisme, (Hôtel de) rue de Grenelle-saint-Honoré: on y donne à manger à 24 sols par repas, la soupe, le bouilli, un plat d'entrée, avec un d'entremêts, pain vin & dessert.

Malthe, (Hôtel de) rue Traversiere saint-Honoré: beaux appartemens complets & très-commodes, avec remises & écuries.

Nom de Jesus, (Hôtel du) *Rouard*, Cloître saint-Jacques-l'Hôpital, loge à pied & à cheval, depuis 12 sols jusqu'à 30. Table d'hôte délicatement servie, & notamment les jours maigres à 38 sols par repas. Cet hôtel est souvent occupé par des Négocians de Flandre & de Normandie.

Notre-Dame, (Hôtel de) rue Grenelle saint-Honoré; Madame Veuve *Fiévé* y tient des superbes appartemens depuis 30 liv. jusqu'à 500 liv. par mois, & donne à manger depuis 3 liv. jusqu'à 24 liv. par tête.

Parlement d'Angleterre, (Hôtel du) rue Coqueron, un des plus beaux Hôtels garnis de cette Capitale: le sieur *Picot* y tient nombre d'appartemens vastes bien airés, & superbement meublés, avec basse-cour, jardin, écuries & remises; il fournit, linge de table & batterie de cuisine; l'on y trouve, Traiteur, Perruquier, Carosse de Remises & autres commodités & agrémens de la vie.

Un réservoir y fournit de l'eau dans toutes les cuisines, salles à manger, & commodités à l'Angloise. &c.

Voyez les Tablettes Royales de Rénommée des Artistes célèbres-&c.

JAR   JAR

JARDINIERS.

Bronne, à Choify, ancien Jardinier de M. le Maréchal de Belle-Isle, renommé pour la connoiffance des ferres, la culture des fleurs & les deffeins & plans de Jardin.

Crameur, rue de Clichy, Jardinier de M. de la Boiffiere, eft un des plus connoiffeurs pour la culture & le gouvernement des ferres chaudes, chaffis à l'Hollandoife : il connoît le degré du Thermometre dans toute fa perfection, & forme les deffeins & les plans les plus agréables, fuivant les différens emplacemens.

Defmette, rue de l'Arbalette, Fauxbourg Saint-Marceau, Jardinier du Jardin des Apothicaires, eft un des plus habiles & des plus renommés pour la connoiffance des Plantes de Botanique, des fleurs, arbuftes & arbres fruitiers, leur plantation, leur expofition & la nature des fels, & des nittes de la terre qui leur font propres.

Moiffy, rue de Varenne, à l'hôtel du Mail, Jardinier de M. le Maréchal de Biron, a une connoiffance très-profonde de toutes les fleurs, fruits & cultures d'arbre de toute efpece ; fait naître & produire des fruits en toute faifon, tant par le degré de chaleur des fournaux que par celui des fumiers.

Prefcot, au Temple, Jardinier de M. le Prince de Conti, un des plus célèbres pour la culture des ferres, chaffis à l'Hollandoife, & pour les deffeins & plans de Jardin.

Richard, Jardinier-Fleurifte du petit Trianon, eft un des plus célèbres de l'Europe, par la connoiffance profonde de toutes les fleurs françoifes & étrangeres, leur culture, le degré de chaleur & la compofition des terres qui leur eft propre.

Regnard, Fauxbourg Saint-Denis, ci-devant Jardinier de feu M. le Comte de Charolois, offre aux perfonnes de diftinction, qui l'enverront chercher, de fe tranfporter fur les lieux où il fera mandé, & d'y donner tous les avis qui feront relatifs à fon état.

Thouin, rue Saint-Victor, au Jardin du Roi : l'immenfité d'arbuftes & de plantes précieufes & médicinales contenues en ce Jardin, fuffit pour annoncer la fupériorité des talens de celui à qui on en a confié le foin & la culture.

Vitry, Fauxbourg Saint-Honoré, Jardinier de M. le Prince de Soubife, pour la culture des fleurs, a une connoiffance profonde des fleurs étrangeres, & l'art d'en avoir en toute faifon.

Objets relatifs.

Afperges. Pour en obtenir de très-précoces & de bonne qualité, il faut mettre de la rapure de Tanneur fur une planche d'afperges, l'épaiffeur de deux doigts, & répandre du fable par deffus.

Oignons de Tubereufe fimple & double, s'adreffer à Madame de *Luqui*, rue Saint-Denis, au magafin d'Italie, qui les vend avec garantie.

Coquillages pour l'embelliffement des Jardins, chez *Herrelin*, Sculpteur-Rocailleur, rue de Gefvres, au Corail des Indes, qui en poffede une très-grande quantité.

IMPRIMEURS.

Objets relatifs.

John Sutter, à Londres, vient d'ima-

F

giner & conftruire une petite Imprimerie portative, par le moyen de laquelle on peut imprimer environ
deux feuilles avec autant de facilité
que d'exactitude.

Les caractères & tous les autres
matériaux de l'Imprimerie, jufqu'à la
preffe, peuvent fe mettre dans la
poche.

INGÉNIEURS DES PONTS & Chauffées.

De Regemorte, Artifte baeile & célebre,
fi avantageufement connu par la
merveilleufe conftruction du Pont
de Moulin, dans laquelle il a vaincu
toutes les difficultés que les crües de
l'Allier, & la nature du terrein fur
lequel il coule, fembloient rendre
infurmontables, par des pratiques in-

génieufes, inconnues jufqu'ici, a
porté l'art de faire des Ponts au point
de furpaffer tout ce que les Etrangers
ont fait de plus parfait en ce genre,
& feront à jamais des monumens de la
protection accordée aux arts fous le
regne de Louis XV.

Peronnet, rue de la Perle, Chevalier
de l'Ordre du Roi, prémier Ingénieur & Directeur du Bureau, des
Places & des Eleves, a fait le fuperbe
Pont de Neuilly, &c.

Machine de Pommyer, Ingénieur du
Roi, pour les Ponts & chauffées,
pour réceper les pilotis à une grande
profondeur fous l'eau, fans le fecours
des épuifemens. Cette machine eft
neuve, ingénieufe & digne que l'on
s'occupe à lui donner toute la fûreté
& la perfection dont elle eft fufcep-
tible.

LAB

LABOUREURS.

Le fieur CHARLEMAGNE, Laboureur
à Bobigni, aux environs de Paris,
Membre de l'Académie Royale d'A-
griculture, a trouvé l'art de cultiver
la terre, de maniere que, fans altérer les fucs nourriciers, & en dé-
penfant plus de vingt francs de moins
par arpent, il lui fait produire un
tiers de plus. Ce qui ayant été bien
& duement conftaté par diverfes
expériences réitérées fur vingt-cinq
arpens de terre, en préfence des
Commiffaires nommés à cet effet par
M. l'Intendant de la Généralité de Paris, lui a mérité l'approbation de
l'Académie, & une Médaille d'or,
du poids de vingt-cinq louis.

L'art de cultiver & d'enfemencer
les terres, fuivant la méthode du

LAB

fieur Charlemagne, Correfpondant
fe vend à Paris, au Bureau de
l'Auteur, rue Saint-Honoré, Hôtel d'Aligre.

Cet Artifte vient de découvrir &
offre de donner au Public un fpé-
cifique contre la Clavelée, dont les
diverfes expériences faites fur douze
à quinze cens moutons, juftifient
l'excellence.

Ce remede a non-feulement la
propriété de guérir les animaux
malades, mais même de préferver
ceux du troupeau qui ne feroient
pas encote atteints de cette efpece
de maladie épidémique.

Objets relatifs.

Cendre rouge ou terre houille propre à
l'engrais des terres, s'adreffer à
Meffieurs Georges, Neucome &

Compagnie à Saint-Quentin, à Pont-Sainte-Maxence, à Verberie, &c.

Nouveaux Fumoirs ou *Soufflets* à l'usage des Laboureurs, pour détruire les rats, les souris, loirs, mulots, & autres insectes destructeurs. S'adresser à Paris, au Bureau d'indication, rue Saint-Honoré, Hôtel d'Aligre.

Crible à cylindre propre à nettoyer les grains, présenté à l'Académie par le S. Foix : les expériences qu'on a fait de ce crible justifient de son utilité & des avantages qu'il a sur toutes les machines, exécutées pour le même objet ; les Religieux de Saint-Martin-des-Champs n'en emploient point d'autres.

Machine à battre le bled de Malassagny. Cette machine exécute l'opération proposée, au moyen de pilons garnis par en bas d'empaltemens carclés, & qui étant successivement levés par les mantarets d'un arbre qu'on fait tourner comme dans les moulins à foulon, frappent le bled par leur chûte.

Mémoire sur les maladies des bleds, par M. Aymes, Docteur en Médecine de la Faculté de Montpellier,

LANGUE, (*Maître de*)

Berry, Anglois de Nation, rue du Chevalier du Guet, & maison de M. Laîné, Huissier-Priseur : tient Cours de Langue Angloise suivant les principes de la Grammaire Angloise dont il est l'Auteur.

Junker, rue Saint-Benoît, connu par la Grammaire Allemande dont on fait usage à l'Ecole Royale Militaire, enseigne cette Langue suivant les principes de cette nouvelle méthode dont il est Auteur.

Laroque, rue Faydeau, à l'Hôtel Dauphin, enseigne l'Italien, l'Espagnol, le François, l'Histoire & la Géographie.

Palomba, rue Hyacinthe, tient Cours de Langue Italienne & Espagnole.

Pons, rue Saint Honoré, vis-à-vis celle du Four, enseigne la langue Angloise.

Carpentier, rue Mauconseil, tient un Cours de Langue & d'Ortcgraphe François, d'Histoire & d'Élémens de Mathématique.

L'objet de ces leçons est de développer l'esprit en dirigeant ses opérations, de redresser les idées, de regler les pensées, de ratifier le jugement, de distinguer la vérité de l'erreur, comparer avec discernement, définir avec justesse, tirer les conséquences positives des principes, & juger avec précision.

Robert, rue des Franc-Bourgeois, Place Saint-Michel, tient Cours de langue Angloise.

Verdier, Quai S.-Bernard, au coin de la rue de Seine, donne avis qu'il tient une Pension-College, & se fait fort, par une méthode qui lui est particuliere, d'enseigner en moins de dix-huit mois les Langues Françoise, Latine & autres langues étrangeres.

Villencour, rue de Bourbon-Château, à l'Hôtel de Suede, ci-devant Maître de Langue à la Cour de Baviere, a imaginé une méthode, courte, facile & agréable, pour enseigner l'Ortographe Françoise & la pureté de cette Langue aux jeunes Demoiselles, aux Dames & à toutes les personnes qui n'ont point fait d'étude.

Machine Arithmétique de Peyreyre, pour apprendre à compter aux sourds & muets.

Cette Machine qui fait avancer chaque roue d'une division dès que celle qui la précede a parcouru dix des siennes, a paru à l'Académie simple, ingénieuse & d'un usage facile.

LAPIDAIRES.

Chauvin dit Langerin, aux Quinze Vingts : cet habile Artiste est un des plus renommés pour travailler le straz

& tirer le parti le plus avantageux des autres pierres.

Objets relatifs.

Nouvelles Perles de Marcassite de diverses couleurs, pour Colliers, Brasselets & Boucles d'oreilles, de la composition de *Guillemain*, Fauxbourg Saint-Martin, cul-de-sac de Legout.

L A Y E T I E R S.

Grevin, rue Jacob, Layetier ordinaire de M. le Duc de Choiseuil & de plusieurs Princes & Seigneurs Etrangers, pour toutes sortes de caisses, emballages, &c.

L I M O N N A D I E R S.

Aubert, rue de l'Arbre-Sec, au Café de Malthe, renommé pour les liqueurs fines de Nancy.

Baptiste, rue de la ComédieFrançoise, *lisez* rue Saint André-des-Arts.

Bizeux, rue Mazarine, *lisez Vizeux.*

Boucault, rue Montmartre, Successeur du sieur Frari, soutient la réputation qu'il s'est mérité à juste titre, pour le bon café, & les liqueurs fines, dont il fait des envois en Province & chez l'Etranger.

Fournier, (veuve) rue Saint-Antoine, vis-à-vis celle du Temple.

Ce Café créé par un nommé *Baptiste*, Arménien, en 1690, est dit-on, la première maison en ce genre qui ait été formée en cette Capitale.

Gozery, rue Saint-Antoine, au Café de Malthe.

Ce Café est très-beau & très-bien composé; il y a même maison des appartemens garnis depuis 12 jusqu'à 40 livres par mois. Ces logemens sont très-commodes & très-agréables pour un Etranger qui aime la société.

Jousseran, rue de Richelieu, au Café de Foi : ce Café, un des plus anciens de cette Capitale, établi en 1700,

est aussi un des plus renommés pour le bon café, les glaces & limonnades.

On ne joue communément dans ce Café ni aux dames ni aux échets, mais nombre d'Officiers & Financiers qui s'y réunissent, après la promenade, pour y discuter sur les affaires politiques & la nouvelle du jour, rendent ce lieu très-agréable & très-amusant.

Legrand, Carrefour Saint-Benoît, au Fort Samson; ce Café est bien composé & situé dans une position agréable.

Lepeintre, ci - devant rue Comtesse d'Artois, *lisez* Porte Saint-Denis.

Maillault, *lisez Dubuisson*, rue Neuve des Petits-Champs, au Café du Caveau du Palais Royal. Ce Café est un des mieux composés & des plus renommés pour les glaces.

Massiete, (Mad.) rue de Gesvres, Café très-ancien & très-bien composé.

Rey, ancien Officier de M. le Duc d'Orleans, au Café de la Régence. Ce Café, un des plus anciens & des mieux composés de cette Capitale, établi en 1702, fut honoré en 1714 de la présence de M. le Régent, ce qui lui a fait prendre, depuis cette époque, le titre de Café de la Régence.

Sire Jean, rue de l'Echelle, au Café Dauphin : ce café est très-bien composé, dans une position agréable & très-commode pour voir entrer & sortir du jardin des Thuilleries.

Objets relatifs,

Eau de Fleur d'Orange de Malthe, tant double que simple, rue Sainte-Avoye à l'Hôtel de Caumartin.

Magasin de glace, s'adresser au sieur *Perrier*, Directeur de la grande glacière, rue de Paradis.

L I N G E R E S.

Dufresne, rue Plâtriere, Marchande

Lingere : tient un des plus confidérables Magafins de toiles, moufelines, dentelles, linges de table, dont elle fait des envois en Province & chez l'Etranger, & fe charge de faire faire toutes fortes de troufeaux & layetes pour les mariages & baptèmes.

Murgalet, (Madame) rue neuve Saint-Roch, remet à neuf & à la mode les anciennes & vieilles manchettes, garnitures & autres ajuftemens de dentelles, place & affortit des fleurs fur des raifeaux de points de Touloufe, & fe charge de jeunes Eleves pour les inftruire.

Philippe (Mefdemoifelles) rue Jacob, vis-à-vis l'hôtel d'Yorck, blanchiffent & mettent à neuf toute fortes de manchettes & ajuftement de dentelles, à jufte prix.

Objets relatifs.

Nouvelles manchettes de Cuir d'Angleterre, propres à garantir les manchettes de moufelines & de dentelles, d'encre, de pouffiere, & les conferver propres pendant diverfes occupations de Bureau. Prix 36 fols au Bureau d'Indication rue Saint-Honoré, Hôtel d'Aligre.

LUTHIERS.

Chiquer, cet habile & célebre Artifte connu pour avoir exécuté avec applaudiffement l'orgue de la Sainte-Chapelle de Paris, & celui des R. R. P. P. Jacobins, rue Saint-Dominique, donne plus de variété dans le jeu en fimplifiant le méchanifme, ce qui rend ces inftrumens plus faciles à réparer, & conféquemment moins à charge aux propriétaires.

Hermet, rue du Colombier, vis-à-vis la Grille de l'Abbaye. Cet Artifte eft particuliérement renommé pour le Clavecin & forte piano.

Levinville, ci-devant rue Plâtriere, abfent.

Lot, avant-Cour des Moines de l'Abbaye Saint-Germain, renommé pour les Clarinettes, vient d'exécuter un nouvel inftrument , en ce genre, inconnu jufqu'à ce jour , fous la dénomination de baffe-taille.

Maitier, enclos Saint-Jean-de-Latran, Facteur d'Orgue , de Serinette , Vielles organifées & jeux de Flute ; pofe les airs que l'on fouhaite fur les Cylindres , & fait des pieces à mouvemens pour fervire de table & pendules qui jouent feules ou à volonté.

Morte, lifez Mvers.

Naderman , rue d'Argenteuil, Butte Saint-Roch , Luthier ordinaire de Madame la Dauphine , un des plus renommés pour les Harpes ; indépendamment de deux de ces inftrumens qu'il a exécutés, l'un en cuivre & l'autre en argent, qui ont eu le plus heureux fuccès : il vient d'imaginer une nouvelle Guitarde de Vankecke, qui au moyen d'une méchanique très-ingénieufe placée dans le manche, donne la facilité de moduler dans tous les tons poffibles, & procure à cet inftrument des fons plus moëlleux, plus fonores & également foutenus. On croit devoir obferver que depuis que l'on fait de ces fortes d'inftrumens on ne s'étoit point encore avifé avant l'Auteur , d'aller chercher des femi-tons hors du fcillet.

Objets relatifs.

Nouveau Claveffin organifé de Berger, Organifte de Grenoble. Ce Claveffin ne differe prefque pas à l'extérieur des Claveffins ordinaires ; mais la perfonne qui joue, peut à fon gré augmenter ou diminuer le fon de l'inftrument, en pouffant avec le genou la queue d'un levier qui fait agir une fourdine : l'un des claviers communique à l'orgue & l'autre au

Clavesin , de sorte qu'on peut les jouer ensemble ou séparément ; mais la maniere dont l'Artiste opere pour enfler & diminuer le son de l'orgue, a paru neuve , ingénieuse, & lui a mérité les éloges & l'approbation de l'Académie.

Nouveau Clavessin de Virebeçe, rue du Four Saint-Honoré. Ce Clavessin qui differe très-peu par sa forme du Clavessin ordinaire, imite dix-sept sortes d'instrumens. Mais ce qui doit surprendre davantage , c'est que la méchanique ingénieuse en est absolu-

ment cachée, & aussi simple que le peut comporter la multiplicité des effets. Elle a d'ailleurs toute la solidité que l'on peut desirer, en sorte que cet instrument n'est presque pas sujet à plus d'entretien qu'un clavessin ordinaire. L'Auteur qui a présenté ce clavessin à l'Académie en a reçu les éloges les plus flatteurs pour avoir par ses recherches & son génie su donner un si grand nombre de variétés à un instrument qui n'avoit par lui-même qu'un son, pour ainsi dire monotone.

MAR   MAT

MARÉCHAL.

Mauguy, rue du Petit-Lyon, Maréchal renommé.

Objets relatifs.

Mémoire sur des vers trouvés dans les sinus frontaux & dans d'autres parties du cheval, par M. *de Bourgelat*, Écuyer du Roi, Directeur de l'Ecole Vétérinaire, correspondant.

MATHÉMATICIENS.

Dupont, rue neuve Saint-Médéric, tient des Cours d'Arithmétique, de Géométrie & de Méchanique, & continue ses autres Cours sur la Marine & l'Hydrodinamique.

Regus, rue des Mathurins, à l'Hôtel Impérial, Professeur de Mathématiques, tient un Cours gratuit tous les Dimanches & Fêtes de Mathématique & Phisico-Mathématiques en faveur des ouvriers.

Objets relatifs.

Plate-forme, propre à diviser les instrumens de mathématique, présentée à l'Académie par M. le Duc de Chaulnes. Cette plate-forme faite

avec l'attention prescrite par l'Auteur, sert à subdiviser tous les instrumens astronomiques avec la plus grande précision & avec cette facilité, que la main la moins exercée seroit capable d'y réussir en moins de temps & plus sûrement que les meilleurs ouvriers, dont mille causes peuvent altérer l'attention & rendre l'adresse inutile.

Cet exposé suffit pour apprécier le degré de reconnoissance que le Public doit à M. le Duc de Chaulnes, & particulierement ceux qui aiment l'Astronomie & les Mathématiques.

Nouvelle Machine, présentée à l'Académie pour diviser sûrement un instrument quelconque, avec une plate-forme suivant les procédés de M. le Duc de Chaulnes ou une échelle bien divisée, par le sieur *Paltier*.

Avec cette machine , un ouvrier ordinaire peu exécuter les divisions d'une maniere plus exacte & plus sûre que ne le pourroit sans cela le meilleur Artiste. La machine du sieur *Paltier* rend celle de feu M. le Duc de *Chaulnes* d'une célérité plus générale, en donnant le moyen de faire partager à tant d'instrumens qu'on voudra l'exactitude d'une échelle divisée par la nouvelle méthode.

Nouvel instrument pour résoudre sans calcul les problèmes de Trigonométrie, par *Bouffers*, approuvé de l'Académie.

MÉCHANICIENS.

Bourgeois de Chateau-Blanc, au Marché-Neuf, Ingénieur-Méchanicien, privilegié du Roi, inventeur des premieres Lampes à Reverbere, approuvées de l'Académie des Sciences en 1744, vient d'exécuter & faire faire les épreuves d'un Phar ou Fanal de mer pour servir de balise & garantir pendant la nuit les vaisseaux qui arrivent dans le Port. On lui attribue le mérite de l'invention & de l'exécution d'un Canard qui buvoit, mangeoit & sembloit digerer les alimens, comme l'eût fait l'animal vivant.

Braismofer, enclos de Saint-Denis-de-la-Chartre, dans le grand escalier, N° 13, est inventeur d'un lit de voyage, brisé sans vice, tenons ni mortaises, exécuté en cuivre, qui lui a mérité l'approbation de l'Académie Royale des Sciences.

Dutour, rue Saint-Martin, Serrurier-Horloger, vient d'imaginer un Moulin à la Chinoise, susceptible par sa forme de prendre le vent en tous sens, & capable de monter soixante muids d'eau par heure sans aucun secours d'homme ni de chevaux, & sans aucun bruit ni frottement.

Verheyen, Cour des Princes, à l'Arcenal, vient d'imaginer une nouvelle méthode, d'adapter la pédale au tour en l'air à deux pointes, beaucoup plus simple & plus commode que celles qui ont été mises en usage jusqu'à ce jour.

Il fabrique aussi toutes sortes d'outils & d'ustenciles à l'usage des laboratoires & des atteliers des personnes de distinction.

Correspondans.

L'Allemand, le jeune, à Comercy, est inventeur de plusieurs machines très-ingénieuses, notamment d'un petit moulin propre à différens usages de nouveaux étaux qui serrent paralellement, & vient d'exécuter des cannes pour les herborisations dont l'invention est due à M. *Pingeron*.

Maderspacher, Auteur de différentes inventions, & chargé à Dole de la machine hydraulique qui fait aller les fontaines & forges à fer de cette Ville; vient d'exécuter & offre de fournir à très-bon compte des toiles en fil-de-fer ou de cuivre qui sont d'une longue durée, & très-commodes pour les gardes-manger, les portes de bibliotheques & de volieres, les tamis, &c. Il fournit aussi des petites pompes à feu portatives, &c.

Brise glace du sieur *Loriot*; cette machine d'une construction simple & ingénieuse par elle-même, joint à un jeu très-facile l'avantage si desirable en pareil cas de remplir son objet sans aucun risque pour les ouvriers qu'on y employe.

L'Auteur a construit dans ce même genre une machine à battre les pilotis auquel il réunit le double avantage de diminuer ou d'allonger la corde à volonté.

Machine à battre le bled, par le même; cette machine est composée de sept fléaux qu'un seul homme fait mouvoir par le moyen d'une manivelle coudée en sept endroits, qui reçoit un mouvement semblable à celui que les Batteurs en grange communiquent à leurs fléaux, & accélere le travail c... la main-d'œuvre.

Nouvelle machine, par le même, pour enlever aisément & placer sur un piedestal isolé une statue équestre ou pédestre par des contrepoids auquel l'Auteur ajoute un moyen aussi simple qu'ingénieux , pour faire marcher horisontalement la statue après l'avoir enlevée , & pour l'amener & la laisser descendre à la place qui lui est destinée.

Nouveaux Chandeliers construits de maniere que la bougie ne peut couler en quelque sens que soit tenu le flambeau , par M. *l'Allemand* , le jeune , Méchanicien , à Commercy.

Machine du sieur Jurine , pour arracher des arbres. Cette Machine est une espece de cric dont la construction est ingénieuse & propre à remplir les effets auxquels l'Auteur la destine.

Machine destinée à raper & à moudre du tabac, par *Chamoy*. Le méchanisme de ce moulin est simple , ingénieux & peut épargner une grande dépense.

Nouveau Lit , à l'effet de procurer aux malades , d'une maniere douce & par une méchanique aussi simple qu'ingénieuse , toutes les attitudes qu'ils peuvent desirer , par l'Abbé *Michel*.

Cet habile Artiste est d'autant plus estimable que sa générosité & son ame naturellement bienfaisantes , le portent à fournir ces lits à un prix si modique, que les Hôpitaux sont dans le cas d'en pouvoir faire usage.

S'adresser au Bureau d'Indication, rue Saint-Honoré , Hôtel d'Aligre.

Petit Pressoir , capable de presser seul six pieces de vin dans une journée , & de faire l'effet des plus grands pressoirs si l'on étoit secondé d'un seul homme. Par *le même*.

Petite Voiture , par le moyen de laquelle on peut se promener seul , en employant seulement un mouvement très-doux , tel que pourroit être l'effort que l'on fait sur une canne en marchant. *Par le même*.

Le Polygraphe ou *Copiste habile* , du sieur *Cottereau*, rue Grenier-Saint-Lazare. Cette Machine qui sert à former avec trois plumes trois copies absolument semblables & simultanées a paru très-ingénieuse, & les expériences qui en ont été faites en présence de l'Académie , levent tous les doutes que l'on pourroit former sur la possibilité de son usage & l'utilité dont elle peut-être.

Nouveau Nécessaire , dont la simplicité & la multiplicité des avantages réunis causent autant de surprise que d'admiration. Par le sieur *Boucault* , Sculpteur & décorateur de grodes & pieces hydrauliques , &c.

Ce Nécessaire qui n'a que six pieds de long sur trois pieds de large , & deux pieds & demi de haut , figure & représente un corps de bibliotheque contenant environ 2 à 300 volumes, & présente en se développant un bureau de sept pieds de long sur quatre de large avec tous les ustenciles nécessaires pour six Commis, même avec des pupitres , si l'on desiroit faire de la musique , & des banquetes pour s'asseoir. Ensuite une table de toilette garnie de son miroir , une fontaine, la cuvette, une garde-robe complette garnie de linge & d'habits de toutes saisons, & tous ce qui concerne les plaisirs de la chasse.

Plus , un buffet garni d'un sur-tout composé d'un potage hors d'œuvre , entrée, rôti, entremets & dessert, avec six couverts , plats , assiettes, nappe, serviettes, bougies, flambeaux, vins, liqueurs, café & tasses à café. Enfin un lit de repos garni de sa housse , matelat, lit de plume , oreiller, pharmacie, coffre-fort , & généralement tout ce que pourroit desirer un Officier sous sa tante, un Capitaine de vaisseau dans sa chambre, & un homme d'etude dans son cabinet ; l'Auteur a eu l'honneur de présenter cette piéce à la Cour.

MÉDECINS.

Buc'hoz, rue Hautefeuille, un des plus habiles, & des plus célèbres Botanistes.

Bucquet, Docteur-Régent de la Faculté de Paris, rue des Fossés saint-Jacques, tient Cours d'Histoire Naturelle, de Chymie & d'Anatomie en son amphithéâtre rue Basse des Ursins.

De Cezan, rue de Seine, fauxbourg saint-Germain, à l'Hôtel de Warsovie, Docteur-Régent, *idem*, est particuliérement connu pour les Maladies secrettes.

Felix Vicq d'Azir, *idem*, rue de la Bucherie, tient Cours d'Anatomie à l'Amphithéâtre de la Faculté.

Goubelly, rue saint-Jean-de-Beauvais, *idem*, tient Cours d'Anatomie & d'Accouchement en son amphithéâtre.

Guilbert de Preval, rue des Fossés-Montmartre, ancien Professeur en Matiere Médicale de la Faculté de Paris, Conseiller, Médecin-Consultant & Correspondant de Sa Majesté le Roi de Dannemarck & de Norwege, est particuliérement connu pour les Maladies secrettes.

Le Vacher de la Feutrie, rue saint-Jacques, Docteur-Régent & Professeur, tient Cours d'Anatomie, de Physiologie sur l'Art des Accouchemens.

Maker, célèbre Chymiste.

Molenier, à l'Abbaye, de la Faculté de Montpellier, & ancien Inspecteur Général des remedes que vendent les Privilégiés du Roi, est particuliérement renommé par la découverte & l'usage de son dépuratif du sang pour la guérison de la plupart des maladies regardées jusqu'ici comme incurables.

Portal, Docteur de Médecine au Collège Royal, &c. tient Cours d'Anatomie, en son Amphithéâtre, rue du Cimetiere saint-André-des-Arts.

MENUISIERS.

Bonard, rue des Lavandieres, pour les Bâtimens.

Boulard, rue de Cléry, Menuisier en meubles.

Brizart, pere, rue de Cléry, *idem*.

Choppart, Fauxbourg saint-Denis, aux petites Ecuries, Menuisier-Carossier ordinaire du Roi & des Enfans de France, connu par nombre de dessins gravés de sa composition, a présenté à l'Académie, une nouvelle suspension de voitures sur un axe qui fait l'effet des cuisines portatives de vaisseaux, en sorte que le train peut verser sur le côté, sans que la caisse perde rien de son équilibre. L'essieu de l'avant-train est naturellement enclavé dans une mortaise qui laisse à chacune des petites roues, la faculté de s'élever ou de s'abaisser, sans que le cocher éprouve la moindre sensation, & les roues sont enrayées de maniere qu'un des rais se trouve toujours perpendiculaire, ce qui rend les roues d'autant plus solides & durables, qu'elles ne sont point sujettes à se dérayer.

Carpentier, rue de Cléry, *idem*.

Dufour, rue de Vaugirard, vis-à-vis les Dames du Calvaire, construit des modeles de la charrue inventée en Angleterre par M. Knowles, & fait exécuter toutes sortes de machines de méchanique.

Foliot, rue de Cléry, Ville-neuve, Menuisier ordinaire du Garde-meuble du Roi.

Garat, rue de la Verrerie, vis-à-vis celle Bardubec, est inventeur d'un lit méchanique pour le soulagement des malades, par le moyen duquel, sans toucher au malade, on peut lui lever la tête, le mettre sur son séant, l'y soutenir, le renverser sur le côté, l'enlever tout entier horizontalement, & à une assez grande hauteur pour pouvoir faire son lit,

G

le tout avec des mouvemens si doux & si faciles, qu'un enfant de huit à dix ans, suffit pour toutes ces opérations : approuvé de l'Académie.

Gourdin, rue de Cléry, Menuisier en meubles.

Lenoir, rue de Cléry, idem.

Portier, rue de Bourbon, idem.

Reufe, rue de Cléry, idem.

Roubo. Cet Artiste a présenté à l'Académie un ouvrage qui contient particulièrement un Traité complet de l'Art du Trait, qui met le Lecteur en état de connoître tout ce qui est nécessaire à la fermeture & à la décoration des appartemens, & de faire tout exécuter soi-même, sans pouvoir être trompé ni sur la bonté de l'ouvrage, ni sur le prix.

Tilliard, rue de Cléry, idem pour meubles.

MUSICIENS.

Amarel, rue Neuve saint-Laurent, enseigne le Sixte ou Guitarre Allemande avec accompagnement.

Benaut, rue Git-le-cœur, maître de clavessin, connu par l'ouverture de l'Opéra de l'Union de l'Amour & & des Arts, arrangée pour le clavessin, &c. &c. &c.

Borel, (l'Abbé) musicien de la Sainte Chapelle, Compositeur.

Boyer, rue Serpente, Hôtel d'Anjou, renommé pour la Guitarre & le goût du chant.

Burckoffer, rue des Fossés-Montmartre, maître de Harpe, connu avantageusement par nombre de jolies Ariettes composées pour la harpe, le violon & la mandoline, avec accompagnement.

Capron, célèbre Maître de violon, rue des Moineaux, lisez rue saint-Anne.

Charpentier, célèbre Organiste de saint-Paul & de saint-Victor, a fait plusieurs pieces très-estimées, & notam-

ment six Sonates pour le Clavessin ou Forte Piano.

Dapain, mort.

Dejean, (Mademoiselle) rue saint-Paul, enseigne le goût pour la vocale.

Demereaux, rue saint-Denis, près saint-Sauveur, un des plus habiles Organistes, connu par la Ressource comique ou les deux Acteurs, & par nombre de morceaux du meilleur goût, qu'il a fait exécuter au Concert Spirituel.

Felix, Basson de l'Académie Royale de Musique.

Flopet, rue Montmartre, à l'ancien Concert des Abonnés, célèbre Compositeur connu par l'Opéra de l'Union de l'Amour & des Arts.

Fridzery, rue saint-Denis, lisez rue du Ponceau.

Gloucke, célèbre Compositeur, connu par les superbes Opéra d'Orphée & Euridice, & d'Iphigenie.

Guichard, (l'Abbé) Cloître Notre-Dame, pour la Guitarre espagnole ou françoise.

Guebser, célèbre Maître de Harpe, Quai des Célestins, lisez rue de Savoie.

Guichon, mort.

Lavoisile, l'aîné, grand Violon, possède un jeu très-agréable, & tire de cet instrument les sons les plus flatteurs.

Le Duc, rue du Hazard, un des plus habiles Violons de cette Capitale, a exécuté au Concert Spirituel plusieurs morceaux de sa composition.

Martini, rue Neuve Saint-Eustache, habile Compositeur & grand Harmoniste, est Auteur de l'Amoureux de quinze ans, &c.

Mercky, rue saint-Thomas du Louvre, habile Maître de Guitarre, vient de mettre au jour un recueil d'air d'Opéra Comique, d'un nouveau goût avec les accompagnemens.

Miroir, Organiste de l'Abbaye saint-Germain.

Moria, rue Dauphine, grand Violon, a exécuté plusieurs morceaux de sa compofition au Concert Spirituel.

Ougleter, habile Maître de Guittare.

Patouart, rue de Buffi, célèbre Compofiteur, un des plus habiles & des plus renommés de cette Capitale, pour la Harpe & la Guittare.

Provert, rue de Richelieu, vis-à-vis la Fontaine, un des plus habiles Haut-bois.

Taillart, rue de la Monnoie, un des plus habiles pour la flûte.

Welter, Cour des Quinze-Vingts, vend des Serinettes organifées, & eft particulièrement renommé, pour la fourchette de la-mi-la qui fert de diapazon aux voix & aux inftrumens.

Objets relatifs.

Houbault, rue Mauconfeil, Copifte de Mufique de la Comédie Italienne.

Journal de Clave ffin du fieur *Clément*, rue & Cloître de faint-Thomas du Louvre.

Machine portative pour faire mouvoir les foufflets des *Piano forte* organifés, de l'invention de M. *Charpentier*, Graveur & Méchanicien aux Colonades du Louvre.

Nouvelle Méthode pour régler le papier de Mufique par une voie moins difpendieufe & plus expéditive que l'impreffion même, par M. *de Vauxenville*, Correfpondant de l'Académie. Les Connoiffeurs qui ont

vu opérer l'Auteur, eftiment qu'il n'avance rien de trop, lorfqu'il annonce qu'un homme peut lui feul, par ce moyen, régler plus de papier qu'une preffe qui exige deux hommes, n'en imprimeroit dans un même efpace de temps.

Tête de violon de Domenjou, Avocat au Parlement. L'Auteur fubftitue aux chevilles ordinaires des vis de métal placées parallelement les unes aux autres, qui font avancer des petits curfeurs auffi de métal, placés parallelement, auxquels font attachés les extrémités des cordes, & c'eft en tournant ces vis d'un fens ou de l'autre, qu'on les tend ou qu'on les détend. Cette nouvelle conftruction qui rend l'accord beaucoup plus durable, doit être préférable à tous égards à des chevilles ordinaires, dont le frottement n'eft jamais égal, & qui font fujettes à fe lâcher fubitement.

Traité du Diapazon général, ouvrage unique en tout genre, & prefqu'indifpenfable à tous les Compofiteurs qui veulent connoître facilement la portée de tous les inftrumens à vent, & les mettre dans le cas de produire des effets d'orcheftre furprenans, par le fieur *Francœur* de l'Académie Royale de Mufique, & fe trouve au Bureau d'Indication ; rue Saint-Honoré, Hôtel d'Aligre.

NAV   NAV

NAVIGATEURS.

La Marre, Fauxbourg faint-Honoré, vis-à-vis l'Hôtel des Ambaſſadeurs, fait des Bâteaux pirogues & autres petits bâtimens portatifs qui peuvent contenir deux ou trois perſonnes.

Il rétablit les petits vaiſſeaux, remet toutes poulies & autres aggrès apparaux & apprend l'art de nager par leçons, ou pour un louis d'or, à forfait.

Objets relatifs à la Navigation.

Amenometre ou *Machine* pour connoître le *Rumb* de vent qui ſouffle & en meſure la force ; machine ingénieuſe inventée & exécutée par M. *le Valois*, ancien Profeſſeur d'Hydrographie à Liſbonne, & actuellement établi à Rouen.

Nouvel Odometre ou Machine pour meſurer la viteſſe des eaux courantes : cette machine, de l'invention de M. *Brouckner*, Géographe du Roi, & Correſpondant de l'Académie, ſurpaſſe en avantage tous les inſtrumens qui ont été propoſés juſqu'ici pour le même uſage.

Machine propre à élever les fardeaux les plus peſans, par le flux & reflux : cette machine, de l'invention du ſieur *Loriot*, qui peut élever pendant une marée qui monte à huit pieds, les fardeaux les plus peſans à ſoixante-quatre pieds de haut, a paru capable de produire les plus grands avantages, & digne de l'approbation de l'Académie.

Mémoire qui a remporté le prix à l'Académie, ſur la queſtion propo-ſée quelle eſt la maniere la plus avantageuſe de ſuppléer à l'action du vent ſur les grands vaiſſeaux, ſoit en y appliquant des rames, ſoit en employant quelqu'autre moyen que ce puiſſe être, par M. *Bernouilly*, Profeſſeur en Phyſique à Bâle ; ſa deviſe étoit : *Quarendi initium ratio attulit, cum effet ipſa ratio confirmata quarendo.*

Machine propre à meſurer la viteſſe des eaux courantes, & le ſillage des Navires, par M. *Brouckner*, Géographe du Roi, & Correſpondant de l'Académie.

Machine de M. Lonce, *propre à draguer les ſables des rivieres*, ſoit pour en nettoyer le fonds, ou pour d'autres uſages : cette machine eſt une eſpece de chapelet à hottes qui ſont forcés de parcourir une eſpace horizontale au deſſous de deux rouleaux & de s'y charger de ſables ou de lavaſſes, dans leſquelles on les oblige de labourer. Cette maniere de faire draguer les hottes même du chapelet, a paru abſolument nouvelle, & a été employée avec ſuccès dans la conſtruction du Pont d'Orleans.

Modele d'un Navire inimmerſible, par M. *de Bernieres*, Contrôleur des Ponts & Chauſſées, approuvé de l'Académie.

Moyen propoſé à l'Académie, par M. *Pommier*, pour pratiquer des abords faciles aux ponts de bâteaux conſtruits ſur des bras de mer ou des endroits où le flux & reflux ſe font ſentir.

Nouvelles portes d'écluſes inventées par M. *Zacharie*, Auteur & Entrepreneur du canal de Giſors, les avantages de ces nouvelles portes sont d'être plus faciles à construire, de faire le service plus commodément, & de diminuer considérablement la quantité d'eau qu'on emploie à chaque écluse.

Pourpoint ou Tunique de M. de Gelacy, Colonel d'Infanterie étrangere, pour soutenir les hommes sur la surface de l'eau, & les préserver du danger d'être noyés dans les naufrages. De tous les moyens imaginés jusqu'alors, celui qu'emploie M. de Gelacy est un de ceux qui a paru le plus digne de l'approbation de l'Académie.

Scaphandre ou Habillement de liege, de l'invention de l'Abbé de la Chapelle, Butte Saint-Roch. Ces especes de Pantalons donnent l'équilibre au point de pouvoir chasser & se promener dans l'eau, comme sur terre: un tel habillement ne peut manquer d'être d'un très-grand secours dans le naufrage, & d'une nécessité indispensable pour tous ceux qui se trouvent exposés sur cet élément à des manœuvres périlleuses.

Nouveaux Scaphandres du sieur Bailly, rue Pagevin, à l'instar de ceux de M. l'Abbé de la Chapelle, pour marcher & conserver l'équilibre dans l'eau. On en trouve chez lui de différentes especes & à différens prix.

Rames tournantes, applicables aux grands comme aux petits vaisseaux, de la composition de l'Abbé Masson, approuvées de l'Académie.

Rames à l'usage des Galeres & des Vaisseaux, proposées par M. *Babut*: ces rames placées verticalement hors du vaisseau, se meuvent parallelement à la quille, pour donner le vent, & ensuite perpendiculairement à cette même quille, pour se relever & sortir de l'eau, par leur tranchant. Comme on peut les faire aisément plonger plus ou moins, on peut, en augmentant le nombre des Rameurs, augmenter leur force, ce qui ne se peut avec les rames de galeres dont on raccourcit la partie intérieure, en augmentant l'extérieure.

Nouveau Spalme ou Mastic présenté à l'Académie, par le sieur *Mailer*, pour conserver le bois de marine dans l'eau, & le préserver de la piquûre des vers.

Traité de Navigation, par M. *Bouguer*, contenant la théorie & la pratique du pilotage, propre à donner une connoissance suffisante de la Géométrie, de la Trigonométrie & de l'Astronomie. L'art de connoître la meilleure construction des aiguilles de boussole, la maniere de les aimanter, de connoître leur variation pendant la route, & les instrumens les plus favorables pour y parvenir sûrement: cet Ouvrage en un mot rassemble dans une juste étendue, tout ce qu'il est nécessaire aux pilotes de savoir, & se présente d'une maniere claire, & à la portée de tous ceux auxquels ces sortes d'ouvrages sont essentiellement destinés.

Ventilateur de M Pommyer, Ingénieur du Roi, rectifié d'après celui de M. *Hall*, auquel il donne avec une boîte égale, une double quantité d'air, en aggrandissant seulement les soupapes d'inspiration. Cette nouvelle machine peut être très utile sur-tout pour les vaisseaux où l'on ne sauroit trop ménager la place & éviter l'encombrement.

Vir-tau ou Nouvelle Machine de l'invention du sieur *Barde*, Serrurier, à Saint-Valery-en-Somme, au moyen de laquelle deux hommes, dans le temps le plus orageux & le péril le plus éminent, peuvent lever un ancre, de quelque puids qu'il soit,

sans craindre le tangage.

Cette machine se vend à Rouen, chez M. Oner, Place Saint-Sever.

Opticiens-Lunettiers.

Cordier, rue saint-Jacques, Cloître saint-Etienne-des-Grès, est parvenu par son travail a perfectionner les chasses ou montures de lunettes à ressort qui s'appliquent sur les tempes; il fait différens ouvrages, entre autres des gardes-vue qui lui ont mérité les suffrages de tous ceux qui en ont fait usage.

Gonichon, Privilégié du Roi, rue des Postes, vis-à-vis celle du Cheval-vert, vient d'exécuter des lunettes d'approche, dont l'effet supérieur pour les spectacles, n'est pas moins satisfaisant pour la campagne.

Il tient une fabrique considérable de verres à lunettes très-estimés dont il fait des envois considérables en Province & chez l'Etranger.

Navarre a présenté à l'Académie, un Télescope Grégorien d'une nouvelle construction qui annonce beaucoup d'adresse & d'intelligence dans l'Auteur, & donne de très-grandes facilités dans l'usage qu'on en peut faire pour les observations.

Olivier & *Nicolet*, Méchaniciens du Roi, au Louvre, dignes successeurs du célèbre Passeman, tiennent le Cabinet le plus précieux &, le plus recherché pour tout ce qui concerne les instrumens d'Optique, de Physique expérimentale, de Mathématique & d'Horlogerie.

Paris, rue des Postes, est connu avantageusement pour tout ce qui concerne les ouvrages d'Optique, & notamment pour des lunettes de spectacle, d'une nouvelle construction.

Correspondants.

Hill, à Londres, vient d'imaginer & d'exécuter une chambre obscure de nouvelle construction, avec le secours de laquelle les plus petits objets se peignent si distinctement sur le papier, qu'on peut facilement les tirer sans avoir aucuns principes de dessin.

Silva, à Vénise, est auteur d'un nouveau Microscope, qui a sur les Microscopes dioptriques ordinaires, l'avantage d'être plus clair & plus facile à construire, ce qui lui a mérité l'approbation de l'Académie.

Objets relatifs.

Glaces discrettes de l'invention de M. de *Bernieres*, Contrôleur des Ponts & Chaussées : ces nouvelles glaces sont propres à laisser voir tout ce qui se passe au-dehors d'une voiture ou d'un appartement, sans être apperçu au-dedans, au moyen d'une opération très-simple, qui peut s'adapter à toutes sortes de glaces d'équipages ou verres de Bohême, pour un prix très-modique : c'est à ce savant Artiste déjà connu si avantageusement par nombre d'inventions utiles, que l'on est redevable des verres courbes & de la nouvelle Machine exécutée au Jardin de l'Infante, pour faire fondre au feu du soleil, tout ce qui est dans le cas de résister au feu de réverberes; tels que le diamant, &c.

Traité d'Optique du Marquis de Courtivros, ou l'on donne la théorie de la lumiere dans le systême Newtonien, avec des nouvelles solutions des principaux problêmes de dioptrique & de catoptrique.

PAI

PAINS-D'ÉPICE, (Marchands de)

Arbaretrier, rue de Bourbon-Villeneuve, fait & vend toutes fortes de Pains-d'épice de Rheims, Croquets, Gimbelettes d'Alby, Plaisirs des Dames, &c.

Boguy, rue Tranfnonain, connu pour le bon Pain-d'épice & les véritables gimblettes d'Alby, eft particulièrement renommé pour le Pain-d'épice purgatif & vermifuge, à l'ufage des enfans incommodés des vers.

Cheminette, rue des Poirées, *idem*.

Jouanot, rue Copeau, *idem*.

Langlais, rue des Amandiers, *idem*.

Lefevre, rue de la Jcuillerie, *idem*.

Vaillant, rue Boiffy, *idem*.

PAPETIERS, (Marchands) pour Meubles.

Arthur, Quai de Conti, tient fabrique & magafin confidérable de Papiers peints & veloutés. Les ouvrages de cette Manufacture qui eft, fans contredit, une des plus anciennes & des plus confidérables de cette Capitale, font d'un goût recherché & fupérieurement exécutés.

Damien, Carrefour de Buffy, tient fabrique & magafin de Papiers peints & veloutés, où il réunit aux couleurs les plus belles & les mieux préparées, l'excellence d'un vernis qui, fans répandre aucune odeur défagréable, préferve ces tapifferies de toutes fortes d'infectes.

Le Comte (la veuve, rue Moutmartre,

PAP

tient fabrique & magafin confidérable de Papiers peints & veloutés. Les ouvrages de cette manufacture font agréablement nués & exécutés fur des deffins du meilleur goût.

Maffon, rue Coquilliere, peint toutes fortes de papiers communs à la rame, & tient affortiment d'autres papiers pour la fourniture des Bureaux.

Réveillon, Fauxbourg faint-Antoine, tient fabrique & manufacture de papiers peints & veloutés, dont l'élégance des deffins & la belle exécution, lui a mérité à jufte titre, la réputation dont il jouit.

Objets relatifs.

L'Art de perfectionner la fabrication de Papiers, à l'ufage des Bureaux & de l'Imprimerie, par le fieur *Defmarets* : ce Citoyen utile, après avoir foigneufement examiné les Manufactures de Papiers d'Hollande, & démêlé dans leurs procédés, ce qui donnoit à ces Papiers leur fupériorité fur les nôtres, pour l'écriture & le deffin, & ce qui pourroit rendre les nôtres plus propres à l'impreffion, avec quels procédés enfin, on parviendroit à fabriquer un Papier égal, ou même fupérieur à celui d'Hollande, & le rendre à volonté plus propre pour l'écriture ou pour l'impreffion, a obtenu de fon travail, le fuccès le plus heureux ; & M. *de Trudaine*, auffi digne que zélé protecteur des Arts, convaincu de l'utilité des changemens propofés, les a introduits dans nos Manufactures , qui bientôt affranchiront la France d'un tribut payé trop long-temps à l'industrie étrangere.

Magasin de Papiers peints imitans ceux de Chine , chez *Moulard* , rue saint-Antoine , vis-à-vis celle de Geoffroi Lasnier.

Magasin françois de Papiers peints & véloutés , d'un goût recherché par la variété des desseins & la belle exécution , rue Comtesse d'Artois , au dessus du Café d'Appollon.

Magasins de Papiers idem , rue de l'Arbre-sec , de la Fabrique du sieur *Réveillon.*

Papiers pour écrire sans encre , au Bureau d'Indication , rue saint-Honore , Hôtel d'Aligre.

Baguettes sculptées , dorées , argentées & émaillées de diverses couleurs , relativement aux ameublemens qui décorent les appartemens , par le Sr *Odiot* , Peintre & Doreur , rue Mauconseil.

PARFUMEURS.

Boucher , rue de la Grande Truanderie , tient Fabrique & Magasin de Parfumerie , Ganterie & Mercerie.

Briard , rue saint-Antoine , au coin de la Vieille rue du Temple. *Idem.*

Briard , rue saint-Victor. *Idem.*

Briard , rue saint-Honoré , près le Palais Royal. *Idem.*

Chanillon , rue du Pourtour saint-Gervais , tient Fabrique de Gands , & Magasin en gros de tout ce qui concerne la Parfumerie.

Dame , rue des Petits-Champs , *lisez Danne.*

De la Porte (Antoine) rue Croix des Petit-Champs , à la Providence , une des plus anciennes maisons pour la Parfumerie & la Ganterie , est particuliérement renommée depuis plus de deux cens ans , pour la bonne Eau-de vie de Lavande.

De la Porte , (François) rue saint-

Honoré , fournit les menus Plaisirs du Roi.

De la Porte , (Henri) rue du Bouloi , tient fabrique & magasin en gros de Ganterie seulement , dont il fait des envois en Province & chez l'Etranger.

Fagonle , rue saint-Denis , près celle des Lombards , à la Toillette , distribue une pâte , sous le nom Arabe de *Kmecq* , d'un parfum agreable & qui a toutes les qualités desirables pour le bain & la toilette.

La Faye , rue Plâtriere , aux Armes de Soubise , tient un des plus superbes magasins & des mieux assortis en Poudre , Pommade , Parfums & Bonbons de premiere qualité. Ce magasin est dans son genre aussi galamment décoré que celui du petit Dunkerque , & mérite d'être vu par les Etrangers.

Lecomte , rue de l'Echelle , renommé pour la Poudre , les Pommades & Parfums , *idem.*

Lesebvre , rue de la grande Truanderie , tient fabrique & magasin de Parfums.

L'Orsevre , Vieille rue du Temple , *idem.*

Vigier , rue de l'Arbre-Sec , *idem.*

Objets relatifs.

Pommade de Limaçon pour la guérison radicale des Boutons , & conserver le tein dans la plus grande fraîcheur , chez *Gobin* , rue du Bouloi , maison de M. de la Porte.

Pommade de Mademoiselle *Boitte* , dont la propriété est de rafraîchir la peau , la conserver toujours blanche , d'empêcher les rides , de détruire les boutons , échauboulures , dartres farineuses , rougeurs & taches de rousseur , rue du Chevalier du Guet , maison de M. Pernet.

Pommade rafraîchissante , idem , Cloître saint-Honoré , maison de Messieurs Lemaire & Fassier , de Lyon.

Pommade

Pommade de Verd-pré, de la composition du sieur *le Vauché*, pour conserver le teint dans sa fraicheur naturelle, malgré l'usage du rouge & blanc, dont elle empêche que la propriété distinctive n'occasionne des rides à la peau; *Prix* 3 liv.

Chez *Duval*, rue saint-Denis, vis-à-vis celle du Sépulchre, au Verd-pré.

Rouge de Portugal du sieur *Frédérick*, Coëffeur, rue Thibautodé.

Ce Rouge dont il fait depuis long-tems des fournitures considérables, réunit toutes les qualités qui peuvent déterminer à en faire usage avec confiance.

Rouge à la Dauphine, de la composition du sieur *Moreau*, rue saint-Martin, vis-à-vis la rue Maubuée.

Nouveau Rouge présenté à l'Académie par le sieur *Viquesnel* : ce Rouge ayant été mêlé avec le sel d'oseille, a paru résister & conserver même plus d'éclat que le meilleur carmin qui lui avoit été opposé pour servir de pièce de comparaison.

Nouveau Rouge végétal, approuvé de l'Académie Royale des Sciences, au Bureau de l'Auteur, rue saint-Honoré, Hôtel d'Aligre.

Ce Rouge de la composition de Mademoiselle *Hérand*, ne le cede à aucun des plus beaux Rouges connus pour la douceur & la solidité des couleurs, & il a par-dessus le précieux avantage de ne causer sur la peau aucun des inconvéniens qui résultent communément des Rouges métalliques achetés & pris au hasard.

PASSEMENTIERS.

Gaspard, rue Thibautodé, pour la livrée.

PATISSIERS.

Darmel, lisez *Delormes*, rue saint-André-des-Arts, successeur du sieur Jacquet, un des plus renommés

pour les Pâtés de jambons de Bayonne, de poulardes aux truffes, canards désossés, perdrix & veau de riviere, depuis 3 liv. jusqu'à 24 liv.

Il fait aussi des petits Pâtés de mauviettes, pour hors d'œuvre, avec une farce très-fine, aux truffes, à 12 sols la piece.

Deharmes, passage des grandes Ecuries aux Thuilleries, est renommé pour les Gâteaux d'amende, & brioches à la nourole.

Desprez, rue de Grenelle-saint-Honoré : cet Artiste renommé pour la bonne Pâtisserie, & notamment pour les Pâtés chauds à la ciboulette, est dans l'usage de n'employer que du beurre très-fin, & s'est acquis par-là & par ses talens une réputation justement méritée.

Jaquet, rue des Fossés-Montmartre. Cet habile Artiste est celui à qui l'on attribue l'invention des Pâtés de Jambons de Bayonne.

Leroy, rue Jacob, Pâtissier très-renommé.

Le Roi, rue Beaubourg, est connu pour imiter toutes sortes de poissons en pâtisseries de relief, comme carpes, soles, brochets, anguilles, truites, houmards, &c. soit en gras, soit en maigre, ce qui rend un service d'autant plus agréable que chaque plat forme des objets variés; *Prix* depuis vingt sols jusqu'à six liv.

Marchand, rue saint-Avoie, au coin de la rue Simon-le-Franc, est connu pour les Pâtés de Poires à la Gatinoise, & tout ce qui concerne la Pâtisserie fine & délicate.

Riquette, rue saint-Martin, vis-à-vis celle Grenier-saint-Lazare, renommé pour la bonne Pâtisserie.

Vincent, rue saint-Jacques, à côté du Collège du Plessis, pour les Pâtés froids; Tourtes d'entremêts & Gâteaux de toutes especes.

PAUMIERS.

Paschal, rue Beaurepaire, tient jeu

H

de Paume, Académie, Triktrac & Billard bien composé.

Saint-Martin, rue du Renard-Saint-Sauveur, tient un Billard des mieux composés, où la livrée n'entre point même en payant.

Objets relatifs.

Le Sieur N*** au Bureau d'Indication, rue Saint-Honoré, Hôtel d'Aligre, joue supérieurement le jeu de Billard, offre de donner des leçons par mois ou par forfait, & de mettre en état de jouer de la première force en très-peu de tems.

PEAUSSIERS.

Buclet, rue du Marché Palu, tient magasin de peau de veau d'alun, à l'usage des Relieurs.

Caussient, mort.)

Merlin, rue Geoffroi-Lasnier, aux Armes de France, tient fabrique & magasin de peaux noires, très-douces & très-flexibles, vrai bon teint & sans odeur.

Person, rue de la Juiverie, tient assortiment considérable de peaux, à l'usage des Relieurs.

PEINTRES D'HISTOIRE, de Portraits, de fleurs, d'ornemens, à l'huile & au pastel, &c.

Allain (Mademoiselle) rue de l'Arbre-Sec, Place de l'Ecole, éleve de son Pere, & de M. *Latour*, Peintre du Roi, peint le Portrait au Pastel, enseigne le dessin, & prend des Eleves.

Parossel, (Mademoiselle) rue Saint-Benoît, une des plus renommées pour la Peinture en mignature, les Portraits & les Insectes.

Rome, rue des Gravilliers, à l'Hôtel de Rome, jeune Peintre d'un mérite distingué, travaille en fleurs, fruits, oiseaux d'ornemens, & offre

de se transporter, au meilleur compte possible, dans les Châteaux ou Maisons de campagne où il sera mandé.

Rousseau, (Mademoiselle) rue de Cléry, Peintre en miniature de Madame la Comtesse de Bryonne, réunit dans tous ses Portraits, à la ressemblance, les graces, la finesse & l'exactitude du dessin. Voyez les Tablettes Royales de Renommée des Artistes célèbres, &c.

Objets relatifs.

L'Art de fixer le Pastel, de l'invention du sieur *Loriot*, aux Colonades du Louvre.

Crayons en boîtes & demi-boîtes, assorties pour peindre en pastel, dont la vivacité des couleurs ne cedent en rien à celle des crayons de Lausanne, chez Mademoiselle *Herban*, rue de Condé, Fauxbourg Saint-Germain.

Nouvelle composition pour nettoyer les Tableaux, & remettre dans leur premier état les anciennes dorures sur bois & métaux, & maintenir les neuves dans leur fraîcheur, de l'invention du sieur *Usquin*, rue de la Verrerie, au petit Hôtel d'Espagne.

La Briere, rue de Grenelle, fauxbourg saint-Germain, maison du Loueur de Carrosse, nettoye les Tableaux, sans en altérer le coloris.

PEINTRES EN ÉMAIL.

Creutdger, Quai de la Vallée, maison de M. de Bure. Ce célebre Artiste est particuliérement renommé pour la figure & l'ornement en bas relief.

Le Bel, Quai Dauphin, Isle Saint-Louis, maison de M. Cabaret, Procureur, peint les boîtes de montre & autres bijoux dans les formes les plus agréables.

Pasquier, rue Villedot, de l'Académie Royale, est un des plus renommés pour les morceaux délicats &

précieux qui exigent la touche d'un grand Maître.

Vassal, rue du Harlay, Artiste d'un mérite distingué pour le portrait en miniature.

PEINTRES EN PIERRES.

Felloix, (Mademoiselle) Place de l'Ecole, chez le Parfumeur, peint les pierres de maniere à se méprendre entre l'art & la nature.

Marshall, (Mademoiselle) Angloise, rue de la Comédie Françoise, possède l'art de donner aux pierres toutes les couleurs que l'on peut souhaiter.

Philippe, rue de l'Hirondelle, a beaucoup persectionné les agathes herborisées de sa composition.

Il en compose de couleur grise, jaunâtre, blanc de lait, qui imitent parfaitement les pierres naturelles.

PEINTRES - Doreurs - Vernisseurs & Décorateurs pour le Bâtiment & l'Équipage.

Aubert, fauxbourg saint- Denis, aux petites Ecuries du Roi, Gendre & Successeur du sieur Vincent, est celui qui a été chargé de l'exécution des voitures de mariage & de cérémonie de MONSIEUR & de Monseigneur le Comte d'Artois, & de la superbe Voiture destinée pour le Sacre de Sa Majesté.

Il fait la commission & des envois en Province & chez l'Etranger.

Bignon, rue de l'Arbre-Sec, est particulièrement renommé pour les masques de caractere, dont il fournit l'Opéra, les menus Plaisirs du Roi, & les Cours étrangeres, & fait des envois en Province & chez l'Etranger.

Boranny, au Bureau d'Indication, rue saint-Honoré, Hôtel d'Aligre, Pein-

tre Italien, entreprend à prix modique, de blanchir les Eglises & autres édifices, les façades, l'intérieur des maisons & des cours, soit en couleur de pierre, ou telle autre couleur que l'on veut, sans que l'intempérie de l'air y puisse nuire; il fait paroître sur lesdites couleurs la coupe des pierres en liaisons, & n'emploie point d'échafauds, ce qui évite une partie de la dépense & de l'embarras.

Bunel, fauxbourg saint-Denis, pour le Bâtiment & Equipage.

Bunel, rue du Cherche-Midi, *idem*.

Deleuze, rue Poissonniere, *idem*.

Devaux, Barriere du Temple, *idem*.

Glaize, fauxbourg saint-Denis, pour l'équipage, est particuliérement renommé pour les fonds en or.

Hamelle, fauxbourg saint-Laurent, *idem*.

La Vallée, rue Basse du Rempart, *idem*.

La Vallée, Chaussée d'Antin, *idem*, travaille pour le Prince de Nassau.

Liance, fauxbourg saint-Lazare, Eleve du sieur Robert Martin, *idem*.

Martin, fauxbourg saint-Martin, Peintre ordinaire des Voitures du Roi.

Odiot, rue Mauconseil, pour le Bâtiment, est particuliérement renommé pour la Peinture à l'encaustique qui ne répand aucune mauvaise odeur.

Robert, rue Poissonniere, Peintre en Voiture, a fait les décorations extérieures du Colisée.

Royer, rue de Seve, vis-à-vis le Cadran bleu, Peintre en Voiture de feu la Reine & de Madame la Dauphine.

Samusseau, rue du fauxbourg saint-Denis, tient Manufacture Royale de Vernis, sur métaux, pour préserver le fer & l'acier de la rouille, les embellir & donner à des vases de tôle & de fer blanc, l'apparence de meubles précieux de la Chine; il nettoie & raccommode aussi ceux de vieux lac.

Serault, rue des Vieilles Thuilleries, pour l'équipage.

Tonnellier, rue Grange-Batelliere, pour le Bâtiment & l'Equipage, est un des plus habiles pour l'ornement.

Turbert, fauxbourg Saint-Denis, pour le Bâtiment.

La veuve *Vincent* & fils, grande rue du fauxbourg Saint-Denis, Peintre & Vernisseur du Roi, pour le Bâtiment & l'équipage.

Objets relatifs.

L'Art de pomper l'odeur des Peintures à l'huile & au Vernis, sans en altérer le brillant ni le coloris ; s'adresser au sieur *Rocker*, Parfumeur, rue Aubri-le-Boucher.

Nouveau Vernis Anglois, qui remédie aux inconvéniens des anciens Vernis, de l'invention du sieur *Rose*, rue Mignon.

PELLETIERS.

Brignon, rue saint-Martin, mort.

Courant, rue Moufferard, *lisez à* l'Estrapade.

Hautemant, rue des Foureurs, Pelletier ordinaire du Roi, tient un magasin de Pelleteries rares & précieuses, &c.

La Sare Morlet, lisez *Lazare Morlet*, &c.

Loiseau, rue Michel-le-Comte, au Rhinoceros, *lisez* rue des Prouvaires, au Duc d'Orleans.

Loriot, rue saint-Antoine, au Chancelier.

Marqueix, rue Pavée, *lisez* rue saint-Honoré.

Menesson, lisez *Tessier*.

Michelet, rue Michel-le-Comte, *lisez* du Temple.

Migeon, rue saint-Honoré, au Grand Turc, est renommé pour la teinture des Pelletiers, & tirer le parti le plus avantageux des vieilles fourures.

Milon, rue Montmartre, au Grand Empereur, & rue saint-Honoré, Hôtel d'Aligre, à la Renommée.

Pivet, rue saint-Antoine, *lisez* rue du Roule.

Rabout, rue de la Féronnerie, à saint-André, *lisez* rue des Foureurs, au Sauvage d'or.

Ravelet, rue Saint-Bon, tient magasin en gros.

Schmitz, fils, absent.

Toute, rue sainte-Marguerite, *lisez* rue de la Huchette.

Turscke, lisez *Delumeaus.*

PENSIONS Collégiales.

Audet, à Pantin, Maître-ès-Arts de l'Université de Paris, enseigne aux enfans la lecture, l'écriture & l'arithmétique, & s'est fait un devoir de rassembler les Maîtres les plus instruits pour la langue latine, l'histoire la géographie.

La maison est située en bon air.

De l'Epée, (l'Abbé de) rue des Moulins, Butte saint-Roch, possede l'art & entreprend de faire parler & écrire des sourds & muets de naissance, par une méthode qui lui est propre.

Longpré, rue des Fossés-saint-Victor, tient une Ecole de Génie, où l'on enseigne la Géographie, l'Histoire, les Mathématiques, le Dessin, & généralement tout ce qui fait partie d'une éducation militaire & distinguée. La maison est commodément distribuée & en bon air.

Le sieur *Verdier*, Quai saint-Bernard, Conseiller, Médecin ordinaire du Roi de Pologne, Avocat en la Cour du Parlement, & le sieur *Fortier*, ancien Professeur de Philosophie, Ingénieur-Géographe, & ancien Syndic de la Faculté des Arts de Nantes, viennent de se réunir pour établir en cette Capitale un Cours d'éducation grammaticale, écono-

mique & gymnaſtique ſur les principes & le plan de M. *Vannieres*,
ſuivant lequel, indépendamment de
nombres d'autres avantages, ils s'engagent d'apprendre, en moins de
deux ans, à toutes ſortes de perſonnes, à parler très-facilement & très-
correctement les langues latine,
françoiſe, angloiſe, &c. & autres
langues étrangeres.

Correſpondans.

Suzaine, (l'Abbé) ancien Profeſſeur
de Rhétorique, connu ſi avantageu
ſement par différens Traités ſur les
études & l'éducation particuliere des
enfans, vient d'établir à Pont ſainte-
Maxence, route de Flandres, entre
Paris & Compiegne, une Penſion-
Collége, ſous l'autorité de ſon Eminence Monſeigneur le Cardinal de
Geſvres, & de Monſeigneur l'Evêque de Beauvais, où l'on enſeigne
à lire, à écrire, l'arithmétique, la
tenue des livres, le toiſé, l'arpentage, la Géographie, l'Hiſtoire, les
Mathématiques & la langue Latine.
    Cette Penſion eſt avantageuſement ſituée, & les enfans y ſont
tenus dans la plus grande propreté;
on ſoutient différens exercices, &
l'on diſtribue des prix à la fin de
chaque année, aux élèves qui ſe ſont
le plus diſtingués. *Prix environ* 300
liv.

Objets relatifs.

Bureau Typographique pour apprendre à lire aux enfans, à Paris, chez
M. Chompré, rue ſaint-Jacques,
au deſſus des Mathurins.

PERRUQUIERS.

Baſtide, rue de Seine, fauxbourg ſaint-
Germain, un des plus habiles & des
plus renommés pour la Perruque à
bourſe.

Baumont, rue des Poulies, en appartement, très-habile en tous genres.
Bellangier, rue ſaint-Honoré, au coin
de celle de Richelieu, excellent
Coëffeur, renommé pour le Poſtiche.
Borloton, rue ſaint-Jacques, un des
plus habiles pour les Perruques nouées
& quarrées.
Bourguenous, rue de la Tixeranderie,
en appartement, très-habile en tout
genre.
Champenois, rue du Temple, excellent Coëffeur renommé pour le poſtiche.
Charton, rue des Prouvaires, un des
plus habiles pour la Perruque à
bourſe, &c.
Clément, rue Comteſſe d'Artois, mai
ſon du Perruquier, habile Coëffeur.
Crichelique, rue Dauphine, à l'Hôtel
d'Anjou, très habile en tout genre.
Deſplannes, à la Croix-Rouge, un
des plus habiles pour la Perruque
à bourſe, & le petit bonnet.
Deſprés, rue Aubri-Boucher, un des
plus habiles pour la Perruque nouée.
Deſſain, près la Baſtille, renommé
pour la Perruque nouée, & le petit
bonnet.
Devors, rue Bourtibourg, en appartetement, un des plus habiles de cette
Capitale, pour les Perruques nouées
& quarrées, & celles de Palais.
Dubois, rue ſaint Anne, un des plus
habiles, de l'aveu des Artiſtes, pour
les Perruques à bourſe, les Perruques longues, de Cour & de cérémonie, poſſede ſupérieurement l'art
d'employer les cheveux naturels
pour les faire jouer & réſiſter à toutes les intempéries de l'air.
Duboulay, rue des Francs-Bourgeois,
très-habile en tout genre.
Durand, rue de Grenelle, vis-à-vis
l'Hôtel des Fermes, excellens Coëffeur.
Forſan, rue Coquilliere, renommé
pour la Perruque nouée.
Fournier, rue du Four ſaint-Honoré,
idem.

François, rue de la Tixtranderie, *idem.*

Guérin, rue de la Verrerie, très-habile en tout genre.

Jacquard, rue saint-Honoré, vis-à-vis celle de l'Arbre-sec, connu pour les tours de cheveux, dessus de tête, & pour cacher artistement les défauts de la chevelure.

Jourdel, rue des Mauvais - Garçons, très-habile en tout genre.

Lafond, rue de Seine, fauxbourg saint-Germain, renommé pour la Perruque à bourse.

Lamazere, Passage du Saumon, un des plus habiles & des plus renommés pour l'accommodage des cheveux.

Leblanc, rue des deux Ecus, *idem.*

Lesprit, rue Froidmenteau, *idem,* & notamment pour la coupe des cheveux.

Moreau, rue de Bourbon-Villeneuve, Coëffeur de Madame la Marquise de Lanjac.

Poxel, l'aîné, rue saint-Antoine, très-habile en tout genre.

Poxel, cadet, rue Bourtibourg, *idem.*

Prevot, rue des Bons-Enfans, excellent Coëffeur renommé pour le Postiche.

Prieur, à la nouvelle Halle, très-habile en tout genre.

Rambouillet, rue saint-Antoine, vis-à-vis la Place Royale, *idem.*

Ray, Coëffeur de Dames, rue saint-Médéric, à côté de l'Hôtel Jabac, a trouvé le secret de faire pour les hommes des toupets qui s'attachent artistement, & des Perruques a bourse pour l'été, qui n'ont ni coëffe ni doublure, & qui imitent parfaitement la chevelure naturelle.

Rugiery, près la Comédie Italienne, Coëffeur renommé pour les femmes de spectacle.

Segaud, rue des Prêtres, saint-Germain, *idem.*

Saxcker, rue Coqueron, un des plus renommés pour la Perruque nouée & quarrée.

Vary, rue des Petits-Champs, *idem.*

Objets relatifs.

Magasin & assortiment considérable de cheveux de toutes especes, chez Madame la Veuve *Baillette*, aux petites Ecuries d'Orleans.

Cumail, rue de Grenelle, vis-à-vis l'Hôtel des Fermes, *idem.*

Leroy, rue de Grenelle, près celle de saint-Martin, *idem.*

Prinel, Cour du Temple, *idem.*

Sementery, Quai de la Mégisserie, *idem,* &c. &c.

Cuirs à Rasoirs de la Chine, de la composition du sieur *Lami.* Ces Cuirs donnent aux rasoirs un tranchant vif & moëlleux, qui les a fait adopter des Syndics Perruquiers, &c.

Excellents Cuirs à Rasoirs du sieur *Lemair*, particuliérement connu & renommé pour le choix & l'achat des bons rasoirs, dont il fournit les premiers Princes & Seigneurs de la Cour. Au Bureau de l'Auteur, rue Saint-Honoré, Hôtel d'Aligre.

Véritables Cuirs à repasser les rasoirs, de la composition du sieur *Sarriere*, au Bureau de l'Auteur, rue Saint-Honoré, Hôtel d'Aligre.

Nouveaux Cuirs à Rasoirs, appellés Cuirs de la Chine, de la composition du sieur *Coxe*, & meules propres à repasser toutes sortes de lames tranchantes & autres outils de menuiserie, sculpture, gravure, &c. Ces sortes de meules operent sans eau & ont une onctuosité propre à entretenir le poli de l'acier.

Nouveaux Cuirs à rasoirs de Pierre d'Aimant calcinée & d'acier fondu de la composition du sieur *Larivierre*, qui lui ont mérité l'approbation de MM. les Valets-de-Chambres Barbiers du Roi, & l'agrément de M. le Marquis de Sourches, pour vendre

& faire vendre lesdits cuirs à la suite de la Cour, & dans tous les Châteaux & Maisons de plaisance de Sa Majesté. A Paris, chez l'Auteur, rue des Petits Carreaux.

Nouvelle Savonettes du sieur *Catinet*, au Bureau général d'Indication : il suffit de répandre cinq à six goutes de cette essence dans autant d'eau, pour en former à l'instant, avec une petite brosse, une écume légere & odoriserante qui adoucit la barbe, en facilite la coupe & rafraîchit le teint, prix, 1 liv. 4 sols.

Fers à créper les cheveux, moyennant lequel les femmes peuvent se coëffer elles-même. Chez *Sardaillon*, Parfumeur, rue Saint-Denis, près l'Apport-Paris.

PHYSICIENS.

André Bourbon a présenté à l'Académie un Barometre portatif dans le même genre du Barometre portatif Anglois du sieur Sisson.

Brisson, rue du Jardinet, de l'Académie Royale des Sciences, Professeur d'histoire naturelle des Enfans de France & de Physique expérimentale au College Royal de Navarre, tient chez lui des Cours particuliers de Physique expérimentale trois fois la semaine.

Scanegati, à Rouen, a eu l'honneur de présenter à M. le Garde des Sceaux un nouveau Barometre, dont les avantages surpassent tous les ouvrages qui ont été exécutés jusqu'ici en ce genre.

Sigaud de la Fond, rue Saint-Jacques près Saint Yves, Professeur de Physique, & Membre de plusieurs Académies, tient chez lui des Cours publics & particuliers de Physique expérimentale.

Soumille (l'Abbé de) Correspondant de l'Académie, est Auteur d'un nouveau Thermometre divisé en quatre tubes, dont les dégrés qui ont un pouce

de distance peuvent aisément se subdiviser & marquer sensiblement les moindres révolutions de l'Athmosphere.

La premiere division qui commence au terme de la glace est placée tout au haut du tube, & à mesure que le froid augmente, la liqueur descend & marque jusqu'au plus haut degré de condensation.

La seconde division commence où celle-ci finit, & à mesure que la chaleur augmente, l'esprit-de-vin s'éleve.

A cette seconde division succede la troisieme, & ainsi de suite jusqu'à la derniere.

PLOMBIERS.

Lucas, Place du Vieux Louvre, Plombier ordinaire du Roi & des Princes & Seigneurs de la Cour.

Objets relatifs.

L'Art du Plombier & Fontainier, vol. in-fol. avec 24 planches, par *Duhamel du Monceau*, chez la veuve Desaint, rue du Foin, & Saillant, rue Saint-Jean de Beauvais.

Manufacture Royale de plomb laminé, rue de Betisy.

PLUMASSIERS.

Bigot, rue Saint-Denis, pour le plumet, manchons & ajustemens de plumes, &c.

Bodeleau, rue Saint-Denis, au coin de celle du Renard, pour *idem*.

Donnebeck & Compagnie, rue de Grenelle Saint-Honoré, Plumassier des menus plaisirs du Roi & de l'Académie Royale de Musique, tient un des plus fameux magasins & assortimens de plumes & fleurs artificielles pour garnitures, ajustemens & décorations.

Eloy, (Mesdem.) rue Aubry-Boucher, font toutes sortes d'ajustemens & garnitures de robe en plumes de grebe, de geai, de faisan, &c.

Harvant, rue Bourg-Labbé, *idem.*

L'Ecuyer & Donnebecq, rue Grenelle Saint-Honoré, Panachers & Plumassiers ordinaires des Rois de France & d'Espagne, des menus plaisirs, de l'Académie Royale de Musique & de plusieurs Princes & Seigneurs de la Cour, & Cours Etrangeres, garnissent toutes sortes de chapeaux, casques, bonnets, fournissent les Spectacles & teignent toutes sortes de plumes d'autruche pour aigrettes, garnitures & ajustemens.

Gaudin, Cloitre du Sepulchre, *idem.*

Liégeois, rue saint-Honoré, près celle des Vieilles Etuves, *idem*, &c.

Mafiruli. rue saint-Denis, vis-à-vis les Filles-Dieu, *idem.*

Natier, rue saint-Denis, Cour du Roi François I, pour les fleurs, &c.

Pequet, rue de Busly, pour le Plumet, blanchons & ajustemens de plumes.

Robert, Pont Notre-Dame, *idem.*

Rouyer, rue Dauphine, *idem.*

Sirop, rue saint-Denis, *idem.*

P O E L I E R S.

Bavard, rue Basse, Porte saint-Denis, tient Manufacture de Poëles hydrauliques & domestiques approuvés de la Faculté de Médecine.

Dubois, rue de Charenton, dessine, modele, & fait exécuter dans sa fabrique toutes sortes de Poëles dans les formes qui lui paroissent le mieux convenir suivant les emplacemens.

Giot, rue de Fourcy, Auteur des premiers Poëles mécahniques & économiques à tuyaux de chaleur, qui ont paru en cette Capitale, en a fourni plusieurs à la Cour, ainsi qu'à differens Princes & Seigneurs qui tous ont eu le plus heureux succès, & fait des envois considérables en Province & chez l'Etranger.

Hirn, rue Contrescarpe, fauxbourg saint-Antoine, tient fabrique & magasin de Poëles de fayance, du meilleur goût, & est Inventeur de nouveaux Poëles & rechauffoirs économiques qui multiplient le degré de chaleur avec moins de frais.

Kropper, rue de la Roquette, Poëlier ordinaire du Roi, tient une des plus fameuses fabriques de Poëles de fayance de toute espece, dans les goûts les plus nouveaux & les plus recherchés. Voyez *Fayanciers*, *Sculpteurs*, &c.

P O M P I E R S.

Objets relatifs aux Incendies.

Alcon de Varcourt, a présenté à l'Académie une Machine portative pour les incendies qui consiste dans une espece de chariot, du milieu duquel s'eleve un mât creux qui en contient un second, & ce second un troisieme.

   Ces deux derniers mâts, étant élevés & arrêtés à l'extrémité de l'un & de l'autre, sont garnis de hunes qui servent à établir par les fenêtres de la maison, dont l'escalier se trouveroit embrasé, une communication facile pour sauver les personnes ou les effets précieux qui se trouveroient engagés.

Machine hydraulique de M Limbourg, Médecin de la Faculté de Montpellier, dont les opérations se font par la compression successive de l'air & de l'eau qui se chassent mutuellement, & s'élevent l'un par l'autre. L'idée de cette machine a paru ingénieuse, & mérite les efforts que l'Auteur se propose de faire pour l'amener au point de perfection dont elle est susceptible.

Nouvelle Pompe, de l'invention du sieur *Quentin*, à Rouen. Cette Pompe

Pompe aspire & foule en même-tems, ce qui rend le jet continuel, & cette continuité est favorisée par un réservoir d'air qui se comprime & agit par son ressort, & par nombre de choses de détails qui lui donnent l'avantage sur toutes les machines de ce genre qui ont été présentées jusqu'ici à l'Académie.

Nouvelle construction de pistons pour les Pompes aspirantes, par le sieur *Daquet*, Horloger à Gray en Franche-Comté. Cette construction a paru nouvelle & ingénieuse à l'Académie, qui a cru que l'Auteur méritoit des éloges, non-seulement pour la maniere qu'il a imaginée de diminuer le frottement des pistons, mais encore pour avoir trouvé le moyen de se passer de cuirs qui, comme on sait, sont sujets à plusieurs inconvéniens.

Nouveaux Pistons de l'invention de M. de Parcieux, qui conservent tous les avantages de ceux qui ont été construits, sans avoir aucun de leurs défauts : c'est résoudre un problême de cette espece dans toute son étendue, que d'allier en pareille matiere à l'économie, la précision des effets, la solidité de la piece qui les opere, & la facilité de la réparer, en cas d'accident.

POTIERS D'ÉTAIN.

Lanié, rue saint-Denis, renommé pour les diligences, propres à faire le café par infusion, boîtes à Savonnettes, Marabouts & Baignoires pour les yeux.

REL   RES   RUB

RELIEURS.

Arcange, rue d'Ecosse, renommé pour la main-d'œuvre & dorure sur cuir.

Leroux, rue Perdu, a trouvé la composition d'une cole dont il se sert pour ses ouvrages qui les met à l'abri de la piquure des vers.

RESTAURATEURS.

Les *Restaurateurs* créés en cette Capitale, en 1767, par les sieurs *Roze* & *Pontaillé*, sont parmi les Traiteurs : ceux qui excellent ou doivent exceller, suivant le but des Fondateurs, pour les potages au riz, au vermicelli, & autres mets salubres & délicats. L'usage de ces maisons qui sont très-bien composées, n'est point d'y donner à manger à table d'hôte, mais à toute heure du jour, par plats & à prix fixe.

Quelques-uns des plus connus sont :

Destauriers, rue saint-Honoré, Chef de Gobelet, & Successeur du premier Restaurateur, qui a pour annonce cette jolie épigraphe :

Hic sapidè titillant juscula blanda palatum,
Ille datur effœtis pectoribusque salus.

Ducreux, rue des Poulies, sert proprement & au meilleur compte, premier aide de Cuisine de M. le Comte de Maurepas, *idem.*

Guenin, rue Coquilliere, près celle des Vieux-Augustins, *idem.*

Huré, rue saint-Honoré, à l'Hôtel des Américains, *idem.*

Vacossin, rue de Grenelle S. Honoré, second Restaurateur, a pour épigraphe :

Accurite ad me omnes qui laborati estis animo, & ego vos restaurabo.

RUBANNIERS.

Labbée, (Louis) rue du fauxbourg

faint-Denis , à Saint-Chriftophe, tient fabrique confidérable de Rubans de foie , Agrémens , Cordons d'Ordre, Rubans & Croix de Saint-Louis & de Malthe, & fait des envois en Province & chez l'Etranger.

S C U

SCULPTEURS.

Adam, Sculpteur-Marbrier du Roi, rue de Popincour, tient magafin de toutes fortes de marbres , & fait ce qu'il y a de plus nouveau en cheminées & autres objets de fon art.

Dropy, rue de l'Univerfité, Sculpteur-Marbrier du Roi, pour le Bâtiment.

Monerrault, rue de Grenelle, fauxbourg faint-Germain, *idem*.

Aubert, aux Petits Ecuries du Roi, rue du fauxbourg faint-Denis, Sculpteur des Bâtimens du Roi & des Voitures de la Cour, a été chargé de l'exécution des fuperbes caroffes de cérémonie de MONSIEUR & de celui du Sacre de Sa Majefté.

Babelle, rue Neuve faint-Euftache , un des plus habiles Deffinateurs & Sculpteurs pour l'ornement.

Bernier, rue des Lombards , au Grand Monarque, Artifte connu par la fuperbe Pendule qu'il a exécutée, repréfentant un corps d'Architecture en rotonde, dont le mouvement eft de Pierre le Roi.

Foliot, rue Beauregard , Entrepreneur des Bâtimens du Roi.

Fixon, rue Meflée, pour le Bâtiment.

Fontaine, rue Saint-Pierre, au Pont aux Choux, connu par le fuperbe grouppe de fa compofition repréfentant Henri IV , montrant à Louis XVI, le chemin de l'immortalité, qu'il a eu l'honneur de préfenter à Sa Majefté.

Guibert, Barriere de Vaugirard, *idem*.

Herman, rue de Gramont & Boulvart d'Antin , un des plus renommés pour les ouvrages en ftatue.

S C U

Hyrn , rue Contrefcarpe, fauxbourg faint-Antoine, tient fabrique de Poëles de fayance en Piramide & à la Pruffienne, & vient d'imaginer de nouveaux Poëles & réchauffoirs économiques qui multiplient & communiquent la chaleur ou la confervent à tel degré que l'on defire pour faire cuir ou maintenir feulement les viandes chaudes & avec bien moins de confommation.

Plaff, rue du fauxbourg Montmartre. Cet Artifte poffede au plus haut degré de perfection l'art des draperies, & joint à une pratique confommée de fon art , le talent fupérieur de rendre les chairs.

Son Afcenfion à l'Abbaye d'Ourcamp pour Compiegne, a fait l'admiration de la Cour & des Amateurs , & la Venus qu'il vient d'exécuter, eft regardée par les Connoiffeurs comme un chef-d'œuvre de l'Art.

Rhodes, rue de Cléry, pour le Bâtiment.

SELLIERS-CAROSSIERS.

Baffe , rue Sainte-Anne, Butte faint-Rocu , eft renommé pour le goût, la coupe, & la monture des cabriolets à l'Angloife & autres Voitures.

Bonaire, rue Neuve des Capucines , Sellier de Monfeigneur le Duc d'Orleans.

Bournigal & fils, fauxb. faint-Denis, Sellier ordinaire du Roi aux petites Ecuries, Machinifte en Voitures, eft inventeur des nouveaux Refforts à croiſſant, placés dans l'intérieur des Voitures du Roi.

Boutel , rue des Francs-Bourgeois, travaille pour pluſieurs Seigneurs.

Camus , rue des Blancs-Manteaux , travaille pour M. de la Verdy.

Dasal, Carrefour des Quatre Chemiminées , Butte Saint-Roch, Sellier du Prince de Limbourg , le Comte de Bucle, le Chevalier de Coigny, & autres Princes & Seigneurs de la Cour.

Etienne , Sellier en charge de la grande Ecurie, rue Neuve du Luxembourg.

Fournier , rue du Vieux Colombier, à l'ancienne Académie de Vandeuil, Sellier ordinaire du Roi de Danemarck, de l'Ambaſſadeur de Portugal , de la Princeſſe de Ligne & autres Seigneurs de la Cour.

Gauthier, rue ſainte-Anne, Butte ſaint-Roch , travaille pour pluſieurs Seigneurs.

Lépine, rue ſaint-Nicaiſe, Sellier ordinaire de la Reine, eſt celui qui a exécuté les premieres Voitures connues ſous le nom de *Voitures à la Polignac*, qui ſont de la forme la plus agréable & du meilleur goût.

Maillard , rue Jacob, Sellier ordinaire de M. le Duc de Fitzjames & autres Seigneurs de la Cour.

Maujeard, rue du Marais, à l'Abbaye ſaint-Martin , eſt Inventeur de Selles élaſtiques, plus commodes pour le Cavalier & moins fatiguantes pour le cheval, en ce que l'arçon qui eſt de baleine, ſe prête à tous les mouvemens.

Marquand , rue ſainte-Anne, Butte ſaint-Roch.

Michel, rue des Quatre-Fils, Sellier de Monſeigneur le Prince Soubiſe.

Ronſin, au Carrouſel.

Villot, rue des Saints-Peres, Sellier du Prince de Dombes.

Objets relatifs.

Berline de M. *de Garſault* : cette Ber-

line dont les quatre roues ſont d'égale hauteur par ſa conſtruction, eſt moins peſante & plus douce que les Voitures ordinaires, & comme l'entrée en eſt diſpoſée par derriere, on évite par ce moyen les dangers que l'on encoure d'être écraſé par les roues , ſi lors qu'on eſt prêt de monter dans ladite Voiture, les chevaux venoient à broncher, ou dans le cas de tout autre danger éminent.

Voitures à quatre roues égales , de M. *Dupin de Chenonceaux* ; les traits qui s'appliquent à plat ſur la cuiſſe du cheval, & quelques changemens propoſés paroiſſent avantageux, & ne peuvent que contribuer à la perfection des Voitures de cette eſpece.

Voiture de M. *Brethon* , ancien Officier de M. le Comte d'Eu ; la ſuſpenſion de cette Voiture eſt telle qu'elle garde toujours une ſituation horizontale , malgré les inégalités du terrein. La conſtruction qui , d'ailleurs en a paru ſimple & ingénieuſe , lui a mérité l'approbation de l'Académie.

Nouvelle maniere de ſuſpendre les caiſſes de caroſſes & de cabriolets , qui empêche qu'elles perdent leur équilibre , lors même que le train & les roues ſeroient entiérement culbutés ſur le côté, préſentée à l'Académie par le ſieur *Choppart*, Menuiſier ordinaire du Roi , fauxbourg ſaint-Denis, aux petites Ecuries.

Reſſorts à Boudins , préſentés à l'Académie , par le ſieur *Reynal* ; les expériences qui ont été faites de ces nouveaux reſſorts, juſtifient qu'ils ne cedent pour ainſi dire en rien pour la durée & pour l'élaſticité aux Reſſorts à la baleine , & qu'ils coûtent beaucoup moins.

Nouveaux Reſſorts à la Polignac, de l'invention du ſieur *Poulet* , Serrurier ordinaire du Roi, fauxbourg ſaint-Denis.

Ces Reſſorts qui ne le cedent

en rien aux Refforts à la daleme par leur élasticité, ont par-deffus le précieux avantage d'être, en cas de rupture, fecondés par les foupentes.

Nouvelle Sufpenfion pour les Caroffes, inventée par le fieur *Zacharie*, Horloger à Lyon. Cet Artiste emploie des faifceaux de fil de fer en forme d'anneaux qui joints enfemble par des liures du même fil de fer, les affemblent & forment une chaîne capable de porter folidement la caiffe d'une Voiture.

Cette Sufpenfion, beaucoup plus folide & plus douce que ne le font les foupentes ordinaires, coûte auffi peu, & fi elle n'a pas l'élafticité des foupentes à reffort, elle a au moins le précieux avantage de coûter bien moins & de durer plus long-temps.

Nouvelles Soupentes de tendons & de nerfs de bœufs, dont la folidité, la durée & l'élafticité, ont mérité au fieur *Lanord*, l'approbation de l'Académie, & un privilege exclufif de Sa Majefté pour la fabrique, vente & débit defdites Soupentes, aux conditions expreffes de ne pouvoir y mêler aucun chanvre, lin ni aucune autre matiere qui puiffe en altérer la qualité.

Nouvelle Machine approuvée de l'Académie, & préfentée au Roi, par le fieur *Calippe*, Serrurier, à l'effet de pouvoir d'un clin d'œil, enrayer à volonté, les deux ou les quatre roues d'une voiture, foit en montant ou en defcendant, & d'arrêter infailliblement deux chevaux qui auroient pris le mord aux dents.

S E R R U R I E R S.

Auger, rue de Varennes, renommé pour la pofition des Sonnettes.

Aumura, rue Paftourelle, renommé pour les Refforts de Voiture.

Barat (freres) rue de Charonne, fauxbourg faint-Antoine, renommés pour les aiguilles & métiers de Bonneterie.

Caffin, rue du Martois, Serrurier ordinaire des mehus plaifirs & de l'Hôtel-de-Ville.

Calippe, rue du Dauphin; Serrurier-Méchanicien connu avantageufement par nombres de Serrures de fûreté, eft particuliérement renommé par celles qu'il vient de préfenter à l'Académie fous le nom de *Calippienne*.

Les avantages de ces nouvelles Serrures font incomparables à tout ce qui a été exécuté en ce genre, en ce que l'entrée fe ferme naturellement en fermant la porte, ce qui annonce dès-lors qu'aucun inftrument quelconque, autre que la vraie clef, n'y peut être introduit; mais ce qui furprendra davantage, c'eft que l'Auteur défie le plus habile Artifte de faire une clef; fût-elle même calquée fur la clef originale, capable d'ouvrir cette Serrure: il ne refte donc d'autre reffource que de démonter ladite Serrure; mais l'Auteur obferve encore qu'elle eft adaptée fans aucuns vis ni écroux apparans; & défie pareillement de la démonter fans brifer la porte, fi ce n'eft toutesfois en employant les moyens qu'il communiquera aux Acquéreurs.

Il réfulte de l'énoncé ci-deffus, que le Propriétaire peut donner à fa propre clef, la faculté d'ouvrir entre fes mains, & la refufer entre les mains d'un étranger, ce qui paroîtroit un paradoxe, fi l'on n'étoit en état d'attefter que l'expofé gît en fait, & lui a mérité les éloges & l'approbation de l'Académie des Sciences & d'Architecture.

Chopitet, Artifte d'un mérite diftingué, eft connu par une machine qu'il a préfentée à l'Académie, par le moyen de laquelle on peut laminer le fer en plates-bandes de toutes sortes de profils, au lieu d'estamper, comme on le fait communément.

Cette machine peut même servir à construire en fer des entrées avec leurs dormans & leurs fermetures, plus promptement & à bien meilleur compte que par les voies ordinaires.

C'est de lui que l'on tient cette machine à tailler les limes, dont les mouvemens aussi simples qu'ingénieux, s'opèrent par le moyen d'un vis sans fin, qui rend sa construction d'autant plus solide, & ses effets d'autant plus prompts, qu'elle taille tant en allant qu'en reculant.

Destriches, Serrurier ordinaire du Roi, Cour des Fonderies de l'Arsenal, Inventeur des cheminées tournantes, a fait une table de voiture de chasse, de vingt-six pouces sur quatorze, qui étant déployée, porte quarante-six pouces sur vingt-huit, & se dresse & se replie d'elle-même dans la voiture, en tirant un simple cordon.

Deumiers, Serrurier de la Ville, au Carrousel, *lisez* Barriere d'Antin.

Durand, Artiste d'un mérite distingué, est connu par une nouvelle Machine propre à tailler & retailler les limes de toutes especes & de tout calibre.

Faillet, rue du Chantre, Serrurier de l'École Royale Militaire, est celui qui a imaginé & exécuté la superbe couchette en fer de feu M. Paris du Vernai, que possède maintenant M. le Comte de la Blache.

Ce lit se plie en tout sens, & est très-commode pour soigner un malade, & lui faire prendre toutes les attitudes qu'il peut desirer sans le toucher.

Ferouillat, rue sainte-Anne, Butte saint-Roch, est connu par différentes pieces de Méchanique, & Serrures à secret.

Ferry, Artiste d'un mérite distingué, a présenté à l'Académie un fauteuil à l'usage des malades, gens âgés & convalescens, dont la méchanique, renferme trois objets; le premier de faire marcher le fauteuil à la volonté de celui qui est assis, le second d'abaisser le fauteuil sous tel angle qu'on jugera à propos, jusqu'à la situation presque horizontale, & le troisieme de prolonger le siege assez en avant pour soutenir les jambes du malade, & lui servir de lit.

Girard, Serrurier, a exécuté & présenté à l'Académie, un dais à quatre colones, ornées de guirlandes de fleurs & de pampres de vignes, chargées de raisins, le tout travaillé si légerement que cet ouvrage a été regardé comme un chef-d'œuvre de l'art capable de prouver que le fer est susceptible de prendre toutes sortes de forme sous la main d'un habile Artiste, (*mort*).

Lucot, rue Royale, renommé pour les machines hydrauliques.

Olivier, rue Feydeau, Serrurier ordinaire de Monseigneur le Duc d'Orleans, le Duc de Penthievre, & autres Princes & Seigneurs de la Cour.

Patriot, grande rue du fauxbourg saint-Antoine, est particuliérement renommé pour tout ce qui concerne les aiguilles & métiers de Bonneterie.

Poulet, fauxbourg saint-Denis, aux petites Ecuries, Serrurier ordinaire du Roi, pour les Voitures, vient d'exécuter de nouveaux Ressorts annoncés sous le titre *de Ressorts à la Polignac*. Voyez Selliers-Carossiers.

Quintal, rue de Charonne, fauxbourg saint-Antoine, est particuliérement connu & renommé pour les métiers de Bonneterie.

Roche, rue Traversiere, *lisez* rue de Grammont, a fait tous les travaux de la Salle de l'Opéra de Versailles, ceux de l'Hôtel-Royal des Monnoies, du Colisée, &c. &c. &c.

Correspondans.

Barde, Serrurier-Horloger en gros, à Saint-Valery-en-Somme, est inventeur d'un *Vire-vau*, au moyen duquel deux hommes dans le péril le plus éminent, peuvent lever une ancre de quelque poids qu'elle soit, sans craindre le tangage.

On trouve de ces machines chez M. *Ouin*, près l'Eglise Saint-Sever.

Focq, Serrurier à Maubeuge, a inventé un rabot particuliérement propre à raboter les grandes pieces de fer qui servent à construire & à laisser les corps des pompes à feu du plus grand diametre. Cette machine, aussi simple qu'ingénieuse, peut-être utile à différens usages.

Hanin, Serrurier - Méchanicien à Saint-Romain, est particuliérement renommé pour la construction des Pesons à ressorts, dont l'usage est, on ne peut plus commode, pour peser avec justesse, toutes sortes de marchandises, depuis vingt-cinq livres, jusqu'à mille à la fois. Voyez *Balanciers.*

TAB   TAL

TABLETIERS.

Déslandes, fauxbourg Saint-Denis, tient une des plus fameuses fabriques de toutes sortes de Tabatieres de carton, galonnées & à médaillon, dont il fait des envois considérables en Province & chez l'Etranger.

Duvieux, fauxbourg Saint-Denis, tient une des plus fameuses fabriques de boîtes de cartons en tout genre, dont il fait des envois considérables en Province & chez l'Etranger.

Ganthier, rue Saint-Martin, successeur du sieur Mose, est particuliérement renommé pour les billes de Billards, & pour les plaques & palettes de Peintres en miniature.

Peron, rue & grille Saint-Martin, renommé pour la garniture des boîtes & autres bijoux précieux à secret.

Poitiers, rue Jean-Robert, à la Ville de Poitiers, renommé pour la garniture de boîtes, souvenirs & autres bijoux précieux.

Correspondans.

Belleteste, à Dieppe, est un des plus habiles Artistes & des plus renommés pour les ouvrages d'ivoire en figures, de rondes, bosses & autres bijoux précieux & délicats.

TAILLANDIERS.

Giroux, rue de la Raquette, fait & vend toutes sortes de moulin, à café, à poivre, à tabac, & raccommode les vieux.

TAILLEURS.

Antignac, rue Plâtriere, Tailleur en charge de la Maison d'Orleans, travaille pour les Ducs d'Albe & de Grammont, & pour plusieurs Ambassadeurs.

Bailly, rue Pagevin, est renommé pour les Scaphandres ou habillement de Liege, pour conserver l'équilibre dans l'eau, sans qu'il soit besoin de nager.

Bisac, rue du Chevalier du Guet, travaille pour plusieurs Seigneurs.

Bizel, rue saint-Denis, près l'apport Paris, à la Chasse Royale, tient assortimens de dorures & soieries.

Champy, rue de la Comédie Françoise, rénommé pour la coupe.

Charriere, rue du Colombier, à l'ancienne Académie, Tailleur de M. le Duc de Nivernois & autres Seigneurs de la Cour.

Chemalde, rue Dauphine, Tailleur ordinaire du Roi de Suede.

Dammin, rue saint-Honoré, vis-à-vis l'Oratoire, Tailleur de la Maison de la Reine.

Dammin, rue de l'Arbre-Sec, Tailleur en Charge de la Reine & de la Compagnie des Cent-Suisses.

Dartigalongue, rue saint-André-des-Arts, tient assortiment de nouvelles étoffes de Lyon & de nouveaux galons d'or, d'argent & d'acier qui imitent la broderie.

Deboosere, rue d'Orleans-saint-Honoré, est renommé pour les habits de goût, d'uniforme, de petits Hussards & de chasse pour hommes & pour femmes.

Delage, rue sainte-Marguerite, fauxbourg saint-Germain, maison du Dentiste.

Delha, rue Grenelle-saint-Honoré, vis-à-vis celle des deux Ecus.

Dolhain, rue saint-Honoré, Tailleur du Prince de Waldek.

Dupont, rue des deux Boules, un des plus renommés pour la coupe, travaille pour Messieurs les Comte & & Marquis de Rouget, de Lusignan, de Jaucourt & de Timbrune, Gouverneur de l'Ecole Royale & Militaire, & autres Seigneurs de la Cour.

Duquesne, rue Bailleul, renommé pour les habits d'Eduques & de Hussards.

Ennechard, rue de Tournon, travaille

pour plusieurs Princes & Seigneurs de la Cour.

Labre, rue des Petits-Augustins, fauxbourg saint-Germain, *idem*.

Fabre, rue de la Monnoie, *idem*.

Fabre, rue des Saints-Peres, *idem*.

Fointex, rue du Petit-Lyon-saint-Sauveur, très-habile & renommé pour la coupe.

Gaudret, rue sainte-Marguerite, fauxbourg saint-Germain, Tailleur de S. A. S. M. le Prince de Condé.

Henry Metman, rue de Seine, travaille pour plusieurs Princes & Seigneurs de la Cour.

Hill, rue Mazarine, renommé pour la coupe.

Hirn, dit *Fribourg*, rue de Seine, à l'Hôtel d'Espagne, Tailleur ordinaire de MONSIEUR, travaille pour la Maison du Roi.

Harville, Quai de l'Ecole, vis-à-vis la Samaritaine, travaille pour plusieurs Seigneurs.

Jumau, rue Traversiere.

La Hure, rue de la Comédie Italienne, *idem*.

Le Duc, Quai de l'Ecole, Successeur de son frere, Tailleur ordinaire du Roi, travaille pour les premiers Princes & Seigneurs de la Cour, & jouit en cette Capitale de la plus grande réputation.

Lefort, Enclos des Quinze-Vingts, offre de remettre à neuf, de ralonger & rélargir sans pieces ni reprises toutes sortes d'habits noirs quelqu'usés qu'ils puissent être, en garantit la solidité, & rétablit pareillement les habits de velours, de draps, & de ratine : *Prix* 30 liv.

Lemaire, rue saint-Honoré, renommé pour la coupe, travaille pour M. le Comte d'Estain, & plusieurs Officiers de la Marine.

Son Epouse est une des plus habiles Couturieres en robes.

Lenain, rue Mazarine, travaille pour plusieurs Seigneurs étrangers.

Lesage, rue Christine, Tailleur de

l'Empereur & des Rois de Dane-marck & de Pologne, du Grand Duc de Russie, & plusieurs Princes & Seigneurs étrangers; fait la commission, & jouit en cette Capitale de la plus grande réputation.

Meunier, rue saint-André-des-Arts, Tailleur ordinaire de la Reine.

Michel, rue de Seine, faubourg saint-Germain.

Malot, rue Bailleul, au Petit-Hôtel d'Aligre, Tailleur de Monseigneur le Duc de Luynes, & autres Princes & Seigneurs de la Cour.

Penefiny, rue du Colombier, à l'Hôtel de Bruxelles, renommé pour le bon goût, & les habits à la mode.

Perrier, aux Quinze-Vingts, n° 35, est particuliérement renommé pour remettre à neuf les vieux habits noirs, ranimer la couleur des habits de draps, gauffrer ceux de velours, & rétablir & mettre à côte ceux de ratine; *Prix* 30 liv.

Pierrard, rue Jacob, travaille pour plusieurs Seigneurs de la Cour.

Porcher, lisez *Polchet*, rue du Colombier, renommé pour le goût, travaille pour le Prince de Berghs, M. de Croismard, & autres Seigneurs de la Cour.

Provot, rue Babille, travaille pour plusieurs Seigneurs

Quel, rue de Seine, fauxbourg saint-Germain, *idem*.

Richome, rue du Four saint-Honoré, renommé pour la coupe.

Saladin, rue de la Sennerie, près l'Apporte-Paris, Tailleur de la Maison de MONSIEUR.

Saignelonge, Pont au Change, est inventeur d'Habits piqués à la Baudony, avec des culottes sans couture. On trouve aussi chez lui des robes de chambres piquées, avec vestes & bonnets, & de très-beaux déshabillés pour les Dames, dont il fait des envois en Province & chez l'Etranger.

Thomaffin, rue-des-Fossés-saint-Ger-main-l'Auxerrois, Tailleur ordinaire des Princes de Rohan, de Montbazon, de Guimenay & de plusieurs Seigneurs de la Cour, renommé par son intégrité.

Thomaffin, rue Betizy, à l'Hôtel Montbason, Tailleur du Prince des deux Ponts, des Maréchaux de Contades, de Broglie, des Ducs de la Valiere, de Fleury, & autres Seigneurs de la Cour.

Tiquenot, rue des Trois-Canettes, est particuliérement renommé pour les habits d'Ecclésiastiques.

Vacher, rue du Chevalier du Guet, travaille pour plusieurs Seigneurs.

Valois, Quai Pelletier, à la Boule d'or, Tailleur en charge de la Compagnie des Cent-Suisses.

Vernifflien, rue Thibautodé, Tailleur en charge des Cent-Suisses.

Vincent, rue de la Monnoie, un des plus habiles pour la coupe & la main-d'œuvre.

Correfpondans.

Cordé, fils, à Bordeaux, Tailleur, rue Marchande, tient fabrique de Camisoles de liege, imaginées pour la sûreté des Gens de mer, & de tous ceux qui s'exposent sur cet élement.

Fontenau, à Orleans, gauffre avec succès, non-seulement les velours & les draps, mais encore toutes sortes d'étoffes de soie, ainsi que les Bouracans, Camelots, Buras, Raz-de-castor, Serge, &c.

Il donne par sa nouvelle façon de gauffrer, du corps à l'étoffe, sans l'altérer.

Sarrazin, à Versailles, Tailleur-Costumier des menus Plaisirs du Roi, & de l'Académie Royale de Musique, tient une collection d'habillemens de plusieurs siecles, suivant les différens Costumes, & est inventeur de plusieurs coupes d'*uniforme*, sur des principes qui lui ont mérité la confiance des Ministres & l'approbation de l'Académie.

Tailleurs pour femmes.

Doffemont, rue de la Verrerie , au coin de celle de Saint-Léon, Tailleur ordinaire de feu Monseigneur le Duc de Bourgogne, a présenté à l'Académie de nouveaux Corps & Corsets de jour & de nuit , qui , quoique flexibles , sont néanmoins construits de maniere, qu'au lieu de prendre la forme du corps humain , ils doivent l'assujettir à celle qu'on veut lui donner, & répondent parfaitement aux vues que l'Artiste s'est proposées en l'imaginant.

Ducresson, rue des Vieilles Etuves-saint-Honoré.

Fabre, rue de la Monnoie.

Fabre, rue des Saints-Peres.

Lacoste, rue de l'Arbre-Sec, lisez rue saint-Honoré, à l'Obélisque.

Vernisien, rue Thibautodé, est particuliérement rénommé pour les habits de chasse pour femmes.

Objets relatifs.

Nouveaux Corps de feutre , présentés à l'Académie par le sieur Hevard. Ces Corps souples & élastiques, compriment solidement & avec uniformité les parties du corps qu'ils couvrent, & sont exempts, suivant le rapport de l'Académie, des inconvéniens si justement reprochés aux corps baleinés.

Nouvelles Ceintures de Santé du sieur Doffemont. Ces Ceintures sont propres à soutenir la taille des personnes avancées en âge , qui souvent par négligence , s'affaisse , se contourne & devient difforme.

TAPISSIERS.

Bataille , rue de la Verrerie , près celle du Cocq , à l'adresse de la Guerre.

Charlier de Lisle , rue des Bourdon-nois , lisez rue Sainte-Croix-de-la-Bretonnerie.

Chevalier , à l'Abbaye saint-Germain, Cour des Religieux , vend toutes sortes de tapisseries en gros & en petits points, fauteuils, cabriolets , &c. dans les goûts les plus nouveaux.

Denne, sous les Pilliers de la Tonnellerie au gros Chapelet.

Dumont , rue Mondétour, lisez rue Neuve des Petits-Champs , Tapissier de M. le Comte d'Ouesse, Ambassadeur, & de Virgémont Colonel au Régiment de Soubise.

Godefroy , rue de Cléry, fournit plusieurs Princes & Seigneurs de la Cour.

Maillard, rue des Saints-Peres , près la Croix-Rouge, fait, vend & loue des meubles , des tentes & autres équipages de guerre , tient magasin de deuil pour les appartemens , & fournit les maisons d'Artois, de la Marche, de Biron , & autres Princes & Seigneurs de la Cour.

Mandron , rue du Temple près celle de Sainte-Croix-de-la-Bretonnerie , fournit les deuils d'appartement, idem.

Premia , rue Pastourelle, idem.

Premia , rue des Saints-Peres , idem.

Correspondans.

MM. Borchut, pere & fils, Négocians à Bruxelles , sont entrepreneurs de la superbe Manufacture de Tapisserie de haute-lice.

Objets relatifs.

L'Art du Tapissier réduit en principes, avec des planches gravées, par M. Bunon, utile à tous ceux qui sont dans le cas de faire faire des meubles ; s'adresser au Bureau de l'Auteur, rue saint-Honoré, Hôtel d'Aligre..

L'Art de faire revivre les couleurs sur toutes sortes de tapisseries d'Au-

K

buffon, de Flandres, & des Gobelins, par M. *Caffagne*. S'adreffer à M. *Labour*, rue Quincampoix près l'Hôtel Beaufort.

Lévolant, fauxbourg faint-Denis, vient de former, par Privilege du Roi, un établiffement pour fervir à l'épurement de toutes fortes de plumes de lits, traverfins, oreillers, leur enlever les parties étrangeres qui nuifent à la fanté, & leur donner une odeur agréable qui les préferve en même temps d'être endommagées par les mites ou autres infectes.

Magafin & Affortiment de Tapifferies & meubles en petits points du fieur *Dubucquoy*, rue faint-Honoré, à l'Obélifque; on fe charge d'y parachever & faire exécuter toutes fortes d'ouvrages en ce genre.

Manufacture du fieur Leclere, Barriere du Temple, pour toutes fortes de fiamoifes, de laine, fil & coton, à raies, moirées & autres de diverfes couleurs, pour tentures & pour meubles; on en fait exprès, fuivant les hauteurs & les places encadrées & non encadrées, à diff. rens prix.

Bigot, rue de la Juiverie, eft particuliérement renommé pour la laine en botte, &c.

Brunelle, rue de la Pelleterie, *idem*.

TEINTURIERS.

Duvivier, rue d'Enfer, près le Pont Rouge, pour la foie en botte, & tout ce qui concerne la Bonneterie.

Fortier, rue de la Tannerie, renommé pour la teinture des draps

Gaudard, rue de la Pelleterie, pour le noir, &c.

Gombault, rue aux Ours, pour la foierie.

Ledoux, rue Thibautodé, pour le Petit Teint.

Mely, rue Quincampoix, pour la teinture en fil.

Pafchal, rue Trouffevache, pour la Bonneterie.

Pafchal, rue faint-Germain-l'Auxerrois, pour le Petit Teint.

Peron, rue Trouffevache, pour les Toiles, &c.

Saghez, rue de la Huchette, pour la foierie.

Correfpondans.

Palleron, fils ainé, Maître Teinturier à Lyon, a trouvé par fes recherches, une nouvelle méthode pour teindre la foie en noir, préférable à celle qui a été ufitée jufqu'ici, ce qui, d'après les expériences faites en préfence des Commiffaires nommés à cet effet, lui a mérité l'approbation de l'Académie des Sciences, Belles-Lettres & Arts de la Ville de Lyon.

Objets relatifs.

Nouvel Effai fur l'Art de la Teinture, & les moyens de la perfectionner, par le fieur *Lepileur d'Apligny*, vol. in-12, prix 8 liv.

Machine à calendrer & luftrer toutes fortes d'étoffes de foie, de fil & de coton, chez le fieur *Gorignon*, rue Aumaire.

Effence reftimentale du fieur *Duplex*, pour bien dégraiffer toutes fortes de taches faites fur la laine & la foie, fans en altérer le luftre ni les couleurs. S'adreffer au Bureau d'Indication, rue faint-Honoré, Hôtel d'Aligre.

TOURNEURS.

Brouet, Tourneur en métaux, rue Ferou, conftruit des Crics de l'invention de M. Abraham *Stagold*, nouvellement approuvés en Angleterre, & offre d'enfeigner à tourner ceux qui veulent s'amufer de cet exercice; il exécute auffi en petits modeles les machines dont on lui envoie des plans.

Hulot, rue Saint-Victor, habile Tourneur en métaux. Cet Artiste, auquel on est redevable de nombre d'instrumens aussi ingénieux qu'utiles pour l'accélération & perfection des ouvrages d'Horlogerie, vient de présenter à l'Académie, un étau qui tourne verticalement sur lui-même, & présente tous les côtés de la piece sans la déplacer ; mais ce qui est absolument neuf, c'est la propriété de s'incliner à volonté, & de s'arrêter à tel degré d'inclinaison qu'on veut, de maniere que l'Artiste peut toujours avec facilité, éclairer la piece qu'il travaille, & lui donner la position la plus avantageuse.

Le Noble, rue Saint-Benoît, Tourneur de Monseigneur le Prince de Condé, de l'Académie Royale de Saint-Luc, de l'Opéra, de l'Hôtel des Monnoies, de l'École Royale Militaire & de l'Hôtel des Fermes, travaille le bois, le marbre & les métaux, & est Inventeur d'une machine qui, sans ressort & sans contrepoids, exécute les balustrades à rampe droite & à rampes torses avec la même précision.

Le Vasseur, rue du Bout-du-Monde, pour la pierre & les métaux.

Michel, rue Michel-le-Comte, Tourneur en métaux, est renommé pour les tours à guillocher.

Mijeon, rue du Bout-du-Monde, pour les ouvrages en pierre & en métaux.

Objets relatifs.

Nouvelle Méthode d'adapter une Pédale au tour en l'air, à deux pointes, beaucoup plus simple & plus commode que toutes celles qui ont été mises en usage jusqu'ici.

Nouveau Tour de l'invention du sieur *Pasquier*, Suisse de M. le Marquis de Voyer. Le méchanisme de ce tour qui consiste à faire tourner du même sens, est d'autant plus ingénieux qu'il fatigue peu, ne fait aucun bruit, & que pouvant s'adapter à toutes sortes de tours, il ne peut qu'intéresser tous les Amateurs de cet Art.

TRAITEURS.

Brunat, rue des Boucheries saint-Germain, donne à manger dans un très-beau salon, à 26 sols par repas, un potage, du bouilli, une entrée, demie bouteille de vin & du dessert.

Bourdet, rue Plâtriere, donne à manger à différens prix & loge depuis 15 liv. jusqu'à 300 liv. par mois.

Deschamps, vis-à-vis le second guichet du Louvre, à l'épée de bois, donne à manger en gras & en maigre, d'une maniere très-fine & très-délicate, & est particuliérement renommé pour le bon vin.

Fiérée, (Madame veuve,) rue de Grenelle saint-Honoré, à l'Image Notre-Dame, donne à manger depuis 3 liv. jusqu'à 24 liv. par tête, & loge depuis 30 liv. jusqu'à 500 liv. par mois.

Lami, rue Montorgueil, près la rue Mauconseil, à l'Hôtel du Saint-Esprit, donne à manger en gras & en maigre à 16 sols par repas, sans vin, un potage, le bouilli, une entrée & un plat d'entremet ; il y a dans ce même Hôtel, un appartement séparé pour les Dames.

Le Troteur, rue des Boucheries saint-Germain, donne à manger proprement à 26 sols par repas, un potage, du bouilli, une entrée, demi-bouteille de vin & du dessert ; il est peu d'Hôtels en cette Capitale où il y ait une aussi grande affluence d'Etrangers aux heures des repas.

Rouard, Cloître saint-Jacques-l'Hôpital, au Nom de Jesus, donne délicatement à manger en gras & en maigre, à 38 sols par tête, & loge depuis 10 s. par jour, jusqu'à 60 liv. par mois. Il se trouve communément dans cet Hôtel, beaucoup de Négocians de la Haute & Basse-Normandie : il eſt peu d'Hôtels où l'on traite en maigre plus délicatement. Voyez les Tablettes Royales de Renommée.

Objets relatifs.

Tablettes de Bouillon de jus de viande, portatives & incorruptibles à l'uſage des Mariniers & des Voyageurs ; au Bureau d'Indication, rue ſaint-Honoré, Hôtel d'Aligre.

Nouvelles Cuiſines économiques du ſieur *Tranoy*, figurant un petit meuble d'ornement propre à faire tout-à-la-fois un potage, un rôti & deux ou trois entrées, avec moins de 2 ſols de charbon.

S'adreſſer au Bureau d'Indication, rue ſaint-Honoré, Hôtel d'Aligre.

Fourneau économique du ſieur *Dômicetti*, Médecin Vénitien pour chauffer à la fois pluſieurs chaudieres diſpoſées de maniere qu'on peut les employer, ſoit à donner un bain de vapeurs, ſoit à faire cuire un grand nombre d'alimens.

Foyer de Cuiſine portatif préſenté à l'Académie, par M. de *Vaniere*. La nouvelle maniere de diminuer à volonté le foyer, & d'épargner par-là le charbon, eſt très-ingénieuſe, & ne peut qu'être avantageuſe à ceux qui ont des petites pieces à faire cuire.

Pluſieurs Machines économiques de l'invention du ſieur *Tilhay*, propres aux uſages domeſtiques ; la premiere, dans laquelle on avoit renfermé un os avec cinq pintes d'eau, a rendu l'os friable, & a produit quatre pintes de bouillon gras.

La ſeconde, eſt une caſſerole de cuivre doublée d'étain, & une caſfetiere ou cucurbite d'étain, où l'on peut faire cuire les viandes en peu de temps & avec peu de feu, en ménageant l'avantage de conſerver les parties qui s'évaporent lorſqu'on les cuit à feu ouvert.

Cette caſſerole ou caſfetiere hermétiquement fermée & environnée d'un autre vaiſſeau qu'on remplit d'eau, devient alors un bain-marie ordinaire, ſi on laiſſe une libre iſſue aux vapeurs de cette eau, & un digeſteur, ſi on ferme cette iſſue. On voit aiſément que par le moyen de cet inſtrument, on obtient une chaleur ſuffiſante pour faire cuire ou bouillir différentes matieres, ſans crainte de les brûler. On peut même ſubſtituer au couvercle un chapiteau, & pour lors on aura un véritable alambic. Ces machines ont paru une application ingénieuſe du principe du *Digeſteur* ou *machine de Papin* ; mais il faut être très-intelligent & très-attentif à ne pas ſurchauffer la liqueur ; car on doit ſavoir que la force expanſive de l'eau, réduite en vapeurs, eſt prodigieuſe, & que la moindre négligence ſur ce point, pourroit cauſer une exploſion & des accidens terribles.

VIN

VIN (Marchands de)

Allemain, rue des Fossés-saint-Bernard, tient magasin en gros.

Aubry, rue de la Harpe, tient magasin en gros

Bajard, rue de la Mortellerie, tient magasin en gros.

Bazard, rue saint-Antoine, magasin en gros.

Blondeau, porte saint-Bernard, au coin de la rue des Fossés, fait la commission, & se charge de livrer aux environs de Paris des vins de dessert de toutes sortes de qualités.

Bourdon, rue saint-Denis.

Champenois, rue & isle saint-Louis.

Clemendraut, rue aux Ours.

Denelle, lisez *Denuelles*.

Deschamps, Traiteur, au vieux Guichet du Louvre, à l'Epée de Bois, tient magasin de Vins en gros, donne à manger d'une maniere très-fine & très-délicate en gras & en maigre.

Duval, rue de Grenelle, fauxbourg saint-Germain.

Frere, rue Jean-Robert, de la cave des Vingt-cinq, tient magasin en gros.

Gauthier de Rougemont, rue Geoffroi-Lasnier, Marchand de Vin de la Reine.

Geoffroi & Foret, Porte saint-Bernard.

Jacquet, Porte saint-Bernard, lisez rue saint-Paul.

Lallemand, rue & isle saint-Louis, tient magasin en gros.

Lamothe, rue de la Coutellerie, Neveu & Successeur de M. *Miré*, Marchand de Vin du Roi.

Lemonier, rue des Tournelles, Marchand en gros.

Mussard, rue saint-Germain-l'Auxerrois, aux Bons-Enfans, tient magasin en gros.

Rondé, Porte saint-Bernard, tient magasin en gros.

Samaria, rue du Four saint-Germain, renommé par son intégrité.

Thuilier, rue saint-Jacques à l'Y grec.

Venel, à la Halle au Vin.

Vrignon, lisez *Vignon*, rue saint-Germain-l'Auxerrois, fournit plusieurs Colléges & Maisons Religieuses.

Correspondans.

Les sieurs *Perrot*, le jeune, & *Vincent*, Correspondans, au Bureau d'Indication, rue saint-Honoré, Hôtel d'Aligre, font la commission en Vins de Bourgogne, de premiere, seconde & troisieme qualité, au meilleur compte possible.

On observe seulement aux personnes qui chargeront de commissions pour la premiere fois, de vouloir bien faire savoir s'ils l'aiment léger, ou s'ils veulent qu'il ait du corps, & s'ils sont dans l'intention de le garder long-temps.

Objets relatifs.

Bureau pour le soutirage des Vins, rue de la Verrerie. Le sieur *Durville* vient de former en cette Capitale, un nouvel établissement pour coller & soutirer les vins, & se charge du soin de l'entretien des caves à un prix modique.

Spécifique pour ôter au Vin le dur, l'aigre, le verd, l'amertume, le moisi, la graisse, & tous les autres défauts qu'il peut contracter dans les futailles, approuvé de la Faculté de Médecine & de l'Académie des Sciences ; Prix 6 liv. la pinte qui suffit pour une piece, au Bureau de l'Auteur, rue saint-Honoré, Hôtel d'Aligre.

REMÉDES ET SECRETS APPROUVÉS.

Dragées anti-vénériennes du sieur *Key-fer*. Les cures merveilleuses & multipliées faites sous les yeux de plusieurs personnes de considération, ont déterminé M. le Maréchal Duc de Biron à confier aux soins du sieur *Keyser* ceux de ses soldats qui se trouvoient attachés de ce mal funeste, dont l'opiniâtreté avoit déja résisté aux frictions mercurielles & à tous les autres remedes généraux ; & l'expérience a justifié la confiance dont le Maréchal l'a honorée, (mort.)

Eau dite *Souveraine* pour les maux d'yeux, de la composition du sieur *Rapigeon*, rue de Bievre, Maison de M. le Prêtre, Procureur.

Eau de la Dame Villard, rue Pavée Saint-Sauveur, pour obstructions, embarras de visceres, & suite de lait répandu.

Eau pour calmer les rhumatismes, du sieur *Trottier de Boissmé*, dont la générosité va jusqu'à l'administrer *gratis* aux Pauvres, tous les Samedis matin, depuis sept heures jusqu'à huit, au Bureau de l'Auteur, rue Saint-Honoré, Hôtel d'Aligre.

Véritable Eau de Cologne, , de Montpellier, contre les coliques, indigestions, &c. se vend avec approbation & permission de la Faculté, chez le sieur *Desbordes*, rue du Temple, près celle des Gravilliers ; la Dame *Picquemon*, rue du Petit Lyon-Saint Sauveur ; *Onfroy*, rue Saint Honoré, &c. &c. &c.

Elixir anti-pestilentiel de Moscow, du sieur *Jennesson*, contre les maladies épidémiques ; les heureuses expériences qu'en a faites M. *Dusot*, Médecin, Pensionnaire du Roi, dans le traitement des Maladies épidémiques qui désoloient le Laonois, lui méritent la plus grande confiance ; s'adresser au Bureau d'Indication, rue Saint-Honoré, Hôtel d'Aligre.

Elixir odontalgique du sieur *le Roi de la Faudignere*, Chirurgien-Dentiste du Prince des deux Ponts. Ce remede approuvé de la Faculté & de la Commission Royale de Médecine, est sans contredit un des plus accrédité pour tous les maux de dents & gencives. S'adresser au Bureau de l'Auteur, rue Saint-Honoré, Hôtel d'Aligre.

Le vrai Trésor de la Bouche, idem, &c.

Esprit Balsamique anti-scorbutique de Madame la Veuve *d'Allier*, rue Saint-Louis au Marais, près la Place Royale, pour purifier la masse du Sang.

Gouttes merveilleuses du Baron de *Schwers*, Assesseur de Sa Majesté Impériale le Grand Duc, dont la vente est autorisée par Privilege du Roi, & de la Commission Royale de Médecine. Le résumé des Certificats les plus authentiques des plus célebres Médecins de l'Europe, atteste que ce remede est un puissant dissolvant, confortant, stomachique, anti-scorbutique & anti-vénérien, capable de faire céder les maladies les plus opiniâtres & les plus dangereuses, & de produire les effets les plus efficaces, dans les cas inespérés, & notamment pour faciliter les accouchemens, & prévenir ou guérir tous les accidens qui peuvent en résulter.

Fébrifuge du sieur *Feuillade*, Chirurgien. Ce remede ayant opéré sous les yeux, & suivant le rapport de M. le Long de la Chassaigne, Médecin ordinaire de M. le Comte de Provence, les effets les plus merveilleux, Sa Majesté lui a accordé des Lettres-Patentes qui l'autorisent à le vendre & faire vendre par-tout le Royaume : s'adresser au Bureau d'Indication, rue Saint-Honoré, Hôtel d'Aligre.

Jus de réglisse de la composition du sieur *Colas*, rue Beauregard, à la Ville-Neuve, pour la guérison des rhumes, maux de poitrine, &c. approuvé par la Commission Royale de Médecine.

Jus de Réglisse à la Reine, sans gomme, pour les rhumes & maux de poitrine, de la composition du sieur *Hequet*, successeur du sieur Gabeau, rue du Marché Palu.

Moutarde contre les Engelures, du sieur *Maille*, Vinaigrier ordinaire du Roi & de leurs Majestés Impériales. Sa générosité va jusqu'à en distribuer gratuitement aux Pauvres de cette Capitale, & aux Curés de campagne pour les Pauvres de leur Paroisse, tous les Lundis matin.

Essence stomachique & purgative végétale du sieur *Fister*, Allemand, grande rue Taranne, pour désobstruer les embarras qui se rencontrent dans les viscères, autorisée par la Commission Royale de Médecine.

Tisane anti-vénérienne végétale du sieur *Nicole de Marsan*, rue de Bourbon-Villeneuve, Chirurgien ordinaire du Roi. Les cures nombreuses & merveilleuses qu'opere depuis plusieurs années, la méthode du sieur Nicole, dans laquelle il n'entre point de mercure, sur les maladies les plus opiniâtres & les plus invétérées, & les témoignages flatteurs qui en ont été rendus par des Gens de l'Art, dignes de foi, lui méritent, à juste titre, la plus grande confiance.

Pilules purgatives de Madame la Veuve *Belloste*, rue du Petit-Lyon-Saint-Sauveur, dont la vente est autorisée par Privilege exclusif du Roi, de Sa Majesté Impériale & de la Sérénissime République de Vénise.

Pommade douce & spécifique du sieur *Levallois*, pour la guérison radicale des hémorrhoïdes externes &

internes, approuvée de la Commission Royale de Médecine, d'après les plus rigides expériences.

S'adresser au Bureau de l'Auteur, rue Saint-Honoré, Hôtel d'Aligre.

Poudres d'Ailhaud ou Remede universel. Le sieur *Ailhaud*, Médecin Aggrégé à la Faculté d'Aix-la-Chapelle, a donné des preuves si multipliées de l'excellence de ses poudres, que leur succès lui a mérité de nouvelles Lettres-Patentes qui confirment celles qui lui avoient été précédemment accordées, & le maintiennent en la possession de tous les droits & privileges dont il jouissoit de temps immémorial.

On ne peut rien ajouter aux certificats qui forment plus de six volumes d'attestations sur les merveilleux effets de ces Poudres. Mais ce qui doit ajouter à la reconnoissance du Public, ce sont les Bureaux de Correspondance qu'il a établis dans les principales Villes du Royaume, où il entend que ce remede soit distribué gratuitement aux Pauvres. S'adresser à Paris, Place du Chevalier du Guet, à M. de Mestre Duval Directeur, & au Bur. d'Indicat.

Sirop anti-vénérien végétal du sieur *Algironi*, rue du Four Saint-Honoré. La supériorité de ce remede dans lequel il n'entre point de mercure, lui a fait conférer depuis peu, d'après l'autorisation de la Commission Royale de Médecine, un Privilege exclusif du Roi, pour vendre & distribuer publiquement ce Remede par-tout le Royaume.

Sirop anti-vénérien végétal du sieur *Velnos*, rue Plâtriere, dans lequel il n'entre point de mercure, & qui conséquemment ne cause point les ravages que l'on éprouve de ce minéral, lorsqu'il n'est point administré par un habile Artiste.

Souffre lasf du sieur *La Faye de Joyenval*, rue du Marché Palu, pour l'asthme & maux de poitrine.

Tortues vivantes de terre & d'eau propres à faire des bouillons médecinaux : au Bureau de l'Auteur, rue Saint-Honoré, Hôtel d'Aligre.

Nota. On invite tous ceux qui n'auront point à se louer des remedes ci-dessus indiqués, de vouloir bien en donner avis au Bureau de l'Auteur, rue Saint-Honoré, Hôtel d'Aligre, afin d'éviter, par ce moyen, d'induire le Public en erreur ; on profitera de leurs avis avec toute la reconnoissance & la discrétion qu'exige de droit la confiance publique.

OBJETS DIVERS, ET NOUVELLES NOUVELLES.

Bureau de confiance pour les Domestiques, Cul-de-Sac du Cocq. Cet établissement essentiellement utile aux Etrangers, est dirigé, à la satisfaction du Public, par le Sr Gonderville.

Compas medi-signe pour diviser, au même instant en deux parties toujours égales, la distance des deux points, chez Coqueret, rue de la Bastillerie.

Nouveaux Etriers à ressorts qui ont l'avantage de se détacher naturellement lorsqu'un cheval s'abbat, ou qu'il s'emporte, après avoir désarçonné son cavalier, & d'empêcher par-là qu'il ne soit entraîné. S'adresser Quai de Conti au petit Dunkerque.

Nouvelles Jarretieres Angloises élastiques, très-douces pour les Dames. Prix 30 liv. idem.

Jeu perpétuel, idem.

Plumes économiques d'acier d'Angleterre, chez Fontaine, Carrefour de Bussi.

AVIS INTÉRESSANT.

On continue de procurer au Bureau de l'Auteur, la vente & location de toutes sortes de Biens, Charges, Maisons, Appartemens, Prêt & Emprunt d'argent & autres objets que la brieveté d'un Prospectus ne permet pas de déduire ici.

L'on se charge pareillement d'y faire traduire & transcrire en caracteres de finance ou d'impression, toutes sortes de Lettres, Placets, Mémoires, Requêtes & autres Manuscrits, avec toute la célérité & la discrétion qu'exige de droit la confiance publique ; même de fournir en cette Capitale ou en Province d'excellens Copistes, Musiciens, Secrétaires, Coëffeurs, Intendans, Régisseurs de terre, Teneurs de Livres, Femmes de Compagnie, Femmes de Comptoirs, Gouvernantes d'enfans, l'ony fait des envois & la Commission en tous genres, tant pour Paris que pour la Province, & les Pays étrangers.

Nota. Les Sieurs ROZERBY & Compagnie se proposent d'établir incessamment dans un lieu agreablement situé, un Cabinet de réunion d'Artistes célebres & de Commerçans, à l'effet d'y disserter sur les moyens de résoudre & d'exécuter toutes les demandes qui pourroient être faites.

On invite à cet égard tous ceux à qui cette proposition pourroit plaire, de vouloir bien donner leur avis au Bureau, sur la forme la plus honnête & la plus favorable à donner à ce nos el tablissement.

www.ingramcontent.com/pod-product-compliance
Lightning Source LLC
Chambersburg PA
CBHW070905280326
41934CB00008B/1588